"十四五"职业教育国家规划教材

职业教育城市轨道交通专业"互联网+"创新教材

城市轨道交通客运组织

（配实训工单）

主　编　刘乙橙　景平安
副主编　何　林　陈曦希
参　编　杨　光　吉　巍　聂　慧

机械工业出版社

本书是"十四五"职业教育国家规划教材。

本书是城市轨道交通运营管理专业"互联网+"创新教材、是"校企双元合作"开发教材。本书包括理论知识和实训工单两部分，分别成册。理论知识首先系统地介绍了城市轨道交通客运组织概念、工作宗旨、特点和基本要求，然后分别介绍城市轨道交通车站导流设备设施运用、城市轨道交通车站日常运作、城市轨道交通客流调查与预测、城市轨道交通车站客流组织疏导、城市轨道交通车站客流组织方案的编制与分析、城市轨道交通网络化运营组织，共七个项目。同时，在本书中，融入了**思想政治教育、职业素养教育元素和创新能力培养**的内容，达到了"润物细无声"的效果。实训工单以接受工作任务、前置知识、编制框架、计划实施、质量检查、评价反馈六个环节为主线，结合理论知识进行实践操作训练，对应企业岗位能力需求，形成理实一体化的学习模式。

本书内容新颖，知识面广，重点、难点突出，双色印刷，图片清晰美观，借助"互联网+"及信息技术，教材内容呈现立体化、可视化和数字化，能够满足"人人皆学、处处能学、时时可学"的学习创新空间，为学习者提供"能学、助教、助训"的课程资源。

本书可以作为职业院校城市轨道交通专业及相关轨道交通类的教学用书，也可作为相关研究院所、培训机构的技术培训资料，还可以作为轨道交通爱好者的科普读物。

为方便教学，本书配有电子课件、实训工单答案等资源，同时还配有"示范教学包"，可在超星学习通上实现"一键建课"，方便混合式教学。凡选用本书作为授课教材的教师均可登录www.cmpedu.com注册下载，或来电咨询：010-88379201。

图书在版编目（CIP）数据

城市轨道交通客运组织：配实训工单 / 刘乙橙，景平安主编. —北京：机械工业出版社，2020.8（2025.2重印）

职业教育城市轨道交通专业"互联网+"创新教材

ISBN 978-7-111-66175-7

Ⅰ.①城… Ⅱ.①刘…②景… Ⅲ.①城市铁路—轨道交通—客运组织—职业教育—教材 Ⅳ.①U239.5

中国版本图书馆CIP数据核字（2020）第132877号

机械工业出版社（北京市百万庄大街22号　邮政编码100037）
策划编辑：师　哲　责任编辑：师　哲
责任校对：张　力　封面设计：张　静
责任印制：刘　媛
涿州市般润文化传播有限公司印刷
2025年2月第1版第9次印刷
184mm×260mm·14.75印张·360千字
标准书号：ISBN 978-7-111-66175-7
定价：45.80元（含实训工单）

电话服务	网络服务
客服电话：010-88361066	机　工　官　网：www.cmpbook.com
010-88379833	机　工　官　博：weibo.com/cmp1952
010-68326294	金　书　网：www.golden-book.com
封底无防伪标均为盗版	机工教育服务网：www.cmpedu.com

关于"十四五"职业教育
国家规划教材的出版说明

为贯彻落实《中共中央关于认真学习宣传贯彻党的二十大精神的决定》《习近平新时代中国特色社会主义思想进课程教材指南》《职业院校教材管理办法》等文件精神，机械工业出版社与教材编写团队一道，认真执行思政内容进教材、进课堂、进头脑要求，尊重教育规律，遵循学科特点，对教材内容进行了更新，着力落实以下要求：

1. 提升教材铸魂育人功能，培育、践行社会主义核心价值观，教育引导学生树立共产主义远大理想和中国特色社会主义共同理想，坚定"四个自信"，厚植爱国主义情怀，把爱国情、强国志、报国行自觉融入建设社会主义现代化强国、实现中华民族伟大复兴的奋斗之中。同时，弘扬中华优秀传统文化，深入开展宪法法治教育。

2. 注重科学思维方法训练和科学伦理教育，培养学生探索未知、追求真理、勇攀科学高峰的责任感和使命感；强化学生工程伦理教育，培养学生精益求精的大国工匠精神，激发学生科技报国的家国情怀和使命担当。加快构建中国特色哲学社会科学学科体系、学术体系、话语体系。帮助学生了解相关专业和行业领域的国家战略、法律法规和相关政策，引导学生深入社会实践、关注现实问题，培育学生经世济民、诚信服务、德法兼修的职业素养。

3. 教育引导学生深刻理解并自觉实践各行业的职业精神、职业规范，增强职业责任感，培养遵纪守法、爱岗敬业、无私奉献、诚实守信、公道办事、开拓创新的职业品格和行为习惯。

在此基础上，及时更新教材知识内容，体现产业发展的新技术、新工艺、新规范、新标准。加强教材数字化建设，丰富配套资源，形成可听、可视、可练、可互动的融媒体教材。

教材建设需要各方的共同努力，也欢迎相关教材使用院校的师生及时反馈意见和建议，我们将认真组织力量进行研究，在后续重印及再版时吸纳改进，不断推动高质量教材出版。

机械工业出版社

前　言

为贯彻《国家职业教育改革实施方案》(国发〔2019〕4号)，落实高等职业学校城市轨道交通运营管理专业教学标准，满足城市轨道交通产业对城市轨道交通运营管理人才的最新需求以及职业院校城市轨道交通运营管理专业的教学要求，开发了本教材。本书的出版将有助于推动我国城市轨道交通产业人才培养，对职业院校城市轨道交通运营管理专业的教学开展与专业建设提供了有力的支持。

本书理论部分按照国家教学标准，紧密结合当前城市轨道交通产业的发展及需求进行编写，以项目任务引领，每个任务以知识课堂为主线，辅以案例、特色亮点、创新能力等环节融入了思想政治教育、职业素养教育元素，从而使教学知识点和课程思政等内容有机地结合在一起，树立了立德树人的职业教育目的。实训工单根据理论知识提炼出18个典型任务，每个实训工单以接受工作任务、前置知识、编制框架、计划实施、质量检查、评价反馈六个环节为主线，既对理论部分内容进行了回顾及考核，又让学生得到实际岗位的实践锻炼，形成了理实一体化的学习模式。

本书由四川交通职业技术学院刘乙橙、成都轨道交通集团有限公司景平安担任主编，何林、陈曦希担任副主编，其他参与编写的还有杨光、吉巍、聂慧。具体编写分工如下：何林编写了项目一和项目四，杨光编写了项目二，景平安、陈曦希共同编写了项目三，刘乙橙编写了项目五和项目六，吉巍编写了项目七。实训工单部分由刘乙橙、聂慧共同编写。刘乙橙负责全书的策划，景平安负责内容的安排。

在本书编写过程中，北京恒诺尚辰科技有限公司开发了相关的二维码视频，在此表示衷心的感谢。

由于编者水平有限，书中难免有疏漏之处，敬请广大读者批评指正。

编　者

二维码索引

名称	二维码	页码	名称	二维码	页码
导向标识的应用		16	地铁车站各类换乘方式		77
自动扶梯系统构成		21	地铁车站大客流组织措施之线网联控		95
自动售票机（TVM）简介		25	临时客运组织		102
半自动售/补票机（BOM）操作方法		27	车站火灾应急预案		106
闸机（AG）简介		28	地铁突发情况下的区间隧道疏散		106
站务员岗位职责介绍		38	发现无人看管可疑物品的客流组织		111
客运值班员的24小时		41	地铁客流流线分析		121
处理乘客投诉		43	共线运营		140
如何寻找遗失在地铁的物品		44	多交路运营		142
地铁站间断面客流量		56			

目　录

前　言

二维码索引

项目一　城市轨道交通客运组织概述 ……………………………………………… 1

项目二　城市轨道交通车站导流设备设施运用 ……………………………………… 6
  任务一　城市轨道交通车站导向标识系统的认知 …………………………… 6
  任务二　城市轨道交通车站导流设备、设施的运用 ………………………… 20

项目三　城市轨道交通车站日常运作 ………………………………………………… 35
  任务一　城市轨道交通车站岗位职责及工作标准 …………………………… 35
  任务二　城市轨道交通车站基础管理 ………………………………………… 45
  任务三　城市轨道交通车站日常管理 ………………………………………… 49

项目四　城市轨道交通客流调查与预测 ……………………………………………… 54
  任务一　城市轨道交通客流的认知 …………………………………………… 54
  任务二　城市轨道交通客流调查 ……………………………………………… 58
  任务三　城市轨道交通客流预测 ……………………………………………… 63

项目五　城市轨道交通车站客流组织疏导 …………………………………………… 73
  任务一　城市轨道交通车站日常客流组织疏导 ……………………………… 73
  任务二　城市轨道交通车站换乘客流组织疏导 ……………………………… 77
  任务三　城市轨道交通车站大客流组织疏导 ………………………………… 91
  任务四　城市轨道交通车站突发事件客流组织疏导 ………………………… 102

项目六　城市轨道交通车站客流组织方案的编制与分析 ……………………… 114

任务一　城市轨道交通客流分析 ……………………………………………… 114
任务二　城市轨道交通车站客流组织方案编制 ………………………………… 123

项目七　城市轨道交通网络化运营组织 ……………………………………… 136

任务一　城市轨道交通网络化运营分析 ………………………………………… 136
任务二　城市轨道交通网络化运营客运组织 …………………………………… 138

参考文献 …………………………………………………………………………… 149

城市轨道交通客运组织实训工单

项目一

城市轨道交通客运组织概述

学习导入

城市轨道交通因其具有输送能力大、速度快、安全、准时等显著优势，逐渐成为大城市公共交通系统的核心，并逐渐形成以城市轨道交通线网为骨干，复合其他市内公共交通系统的城市公共交通网络。城市轨道交通服务于乘客，客运组织工作水平直接决定乘客服务水平的高低。城市轨道交通客运组织的概念是什么？客运组织工作的宗旨有哪些？客运组织工作的工作特点和基本要求有哪些？本项目将解决这些问题。

任务目标

1. 熟悉城市轨道交通客运组织的概念。
2. 掌握城市轨道交通客运组织宗旨。
3. 掌握客运组织工作的特点和基本要求。

知识课堂

一、客运组织的概念

城市轨道交通具有安全、快速、准时、舒适、容量大和环保等优点，已成为越来越多市民出行的首选交通工具。随着城市轨道交通网络化的形成，它所承担的客运量也在逐渐增大。

客运组织就是以客流、客流调查和客流预测为依据，通过计划组织、协调和管理，经济合理地使用客运设施和设备，采取切实可行的客流组织办法和措施，为广大乘客提供安全、迅速、便利和舒适的服务，以满足乘客出行的需要。

客运组织工作是城市轨道交通运营生产的重要组成部分，其质量直接反映城市轨道交通运营企业的管理水平。客运组织工作必须实行集中领导、统一指挥的原则，控制指挥中心（OCC）负责全线的客运组织工作，车站的客运组织由车站站（区）长或值班站长负责。客运组织工作需建立健全各项工作制度，运营、乘务、维修等各部门之间需密切配合，共同维护好车站秩序，完善管理工作细节，提升工作效率和服务质量。

二、客运组织工作的宗旨

1. 安全

安全是城市轨道交通运营中不可忽视的重要问题。"安全第一"是乘客的基本需求和首要标准，也是城市轨道交通运营管理的重要前提保障。运营安全不但反映了城市轨道交通运营管理水平和运输服务质量，而且是城市轨道交通系统实现顺畅、高效运营的前提。

2. 准时

城市轨道交通运营企业根据客流情况、行车组织、设备能力编制列车运行图，运营各部门严格遵照时刻表执行，通过准时发车、及时报站、准时到站来实现城市轨道交通准时的宗旨，满足乘客准时到达目的地的需求，如图1-1所示。

3. 迅速

在城市生活节奏越来越快的时代，能否迅速出行、到达，成为乘客选择交通工具的重要考量指标。城市轨道交通的迅速性主要通过出行耗时、列车旅行速度等指标来反映。出行耗时是指乘客从起点到终点的总耗时，即乘客的旅行时间，它包括车内时间和车外时间。车内时间主要由列车旅行速度决定，车外时间包括到站时间、候车时间和换车时间等几个方面，主要与线网布设、换乘方便性等因素有关。目前，城市轨道交通运营单位主要通过提高列车运行速度、缩短列车间距、合理规划线网等手段来节省乘客的出行耗时。

图1-1 列车到站时间在站台PIS上显示

4. 便利

干净舒适的乘车环境，进站购票、检票，乘车，出站过闸机环节的顺畅，列车间隔密度小，人性化的服务设施，如无障碍电梯可保证残疾人乘客、携带大件物品乘客顺利乘车（图1-2），合理的线网布局、站点设置可满足乘客的出行要求。为乘客提供便利的服务，有助于城市轨道交通吸引客流。

图1-2 地铁站无障碍电梯

5. 优质服务

干净整洁的车站环境，明亮的车厢，适宜的温度，列车快速平稳地运行，都是城市轨道交通为乘客提供的优质服务。城市轨道交通工作人员应严格遵守职业道德，礼貌待客，耐心、正确地解答乘客的问询，主动、热情地为乘客服务。

> **特色亮点："五心车站"——成都地铁天府广场站**
>
> 成都地铁天府广场站数年来持续助力打造"五心车站"。五心服务的内容为细心、热心、爱心、关心、责任心。该车站所有员工始终秉持严格的工作标准、优质的服务理念、细致的安全保障、创优争先的理想目标，致力于打造成都地铁"安全、准点、舒适、快捷"的城市交通运输"新名片"。五心全天候，出行无忧愁，

五心车站，竭诚为乘客服务！如图1-3所示。

图1-3　成都地铁"五心车站"

从成都地铁开通运营以来，十年的时间陆续打造了除"五心车站"外其他特色服务品牌，如"芙蓉班组""巾帼车队""主题列车"（图1-4）等，设置便民服务点（图1-5），提供轮椅（图1-6）、咨询、出行帮助等服务，让市民出行更便捷。

图1-4　成都地铁"主题列车"

 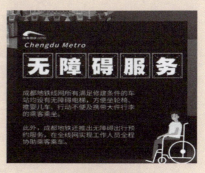

图1-5　成都地铁便民服务点　　　　图1-6　成都地铁无障碍服务

三、客运组织工作的特点和基本要求

1. 客运组织工作的特点

城市轨道交通客运组织工作是城市轨道交通运营工作的核心，是直接反映城市轨道交通运营管理水平的标志之一，其特点如下：

① 城市轨道交通客运服务的对象是城市内的交通乘客，他们一般携带随身小件物品，不办理行李、包裹托运业务。

② 城市轨道交通的客流具有典型的时间和空间分布特征，即在不同时间段会产生客流高峰期或客流低谷期，且不同城市、不同线路都表现出不同的特性。

③ 城市轨道交通的客流具有不均衡性，即不同季节、不同时间段客流量均不同，且可能因某些原因出现突发性大客流，因此客运组织不可能完全按计划组织客流。

2. 客运组织工作的基本要求

客运组织工作主要在车站完成，车站客运作业包括乘客进站、售检票作业、乘客问询、客流疏导、站台服务、换乘等。车站是城市轨道交通对乘客服务的窗口，车站客运作业直接面对乘客，客运服务的质量直接关系到乘客对城市轨道交通的满意度，也反映了城市轨道交通运营企业的管理水平。车站客运组织工作的基本要求如下：

（1）**站容整洁**　车站内、外应明亮、整洁，各种设备和设施摆放整齐、有序；站台、站厅、通道及出入口墙壁光洁，地面无痰迹和废物；卫生间清洁、卫生，如图1-7和图1-8所示。

图1-7　成都地铁干净整洁的站台

图1-8　成都地铁干净整洁的站厅

（2）**导向标识清晰完备**　车站内外应有清晰完备的导向标识系统，为乘客全过程、不中断地提供导向信息。车站外应有明显标识引导乘客进站，在车站出入口应设置醒目的地铁标识；乘客进站后应有指示客服中心进站方向、紧急出口等各方向的引导标识，在站台应设置列车运行方向、换乘方向等导向标识。此外，还应设置示警性和服务性导向标识，如地铁运营线路图、列车运行时刻表、票价信息、卫生间、公共电话、车站周边公交线路与公共设施指南等。地铁常见导向标识如图1-9和图1-10所示。

图 1-9　成都地铁站厅导向标识

图 1-10　成都地铁站台导向标识

（3）优质服务　客运服务人员应遵守职业道德、文明礼貌，规范地为乘客提供服务。对老、弱、病、残、孕等需要帮助的乘客应主动热情地提供协助，耐心、正确地回答乘客的问询，帮助乘客解决疑难问题。应经常征询乘客的意见，及时完善服务细节，不断提高客运服务水平。

（4）遵章守纪　客运服务人员应认真执行各项客运规章制度，服从命令，听从指挥。执行客运工作任务时，客运服务人员应按规定着装并佩戴标识，仪表整洁，体现良好的精神风貌。

（5）掌握客流规律　分析客流统计资料，掌握车站客流在时间、空间上的分布与变动，对可预见的大客流做好充分的准备工作，及时应对；对客流流线优化车站应具备客运组织方案和突发应急预案。

项目二

城市轨道交通车站导流设备设施运用

学习导入

城市轨道交通车站是城市轨道交通客流的集散地,车站内的导流设备设施的主要功能是辅助和引导乘客安全、顺利及便捷地完成整个车站的旅程,避免乘客滞留在车站内引发堵塞。在紧急疏散时,车站导流设备必须能清晰准确地引导乘客顺利地离开危险区域及车站。那么,车站应如何设计合理的导向标识系统?车站的导向标识系统包括哪些?车站内的导流设备是如何用来维持车站正常运营秩序和乘客安全、便捷出行的呢?本项目将解决这些问题。

任务一 城市轨道交通车站导向标识系统的认知

任务目标

1. 了解车站导向标识系统的分类。
2. 掌握车站导向标识系统的设计及应用。

知识课堂

城市轨道交通车站导向标识系统是指为引导乘客安全、便捷地进站、购票、乘车、出站和换乘等行为而连贯设置于车站外、出入口、通道、站厅、站台和列车等处的一系列标识的总称,包括在紧急情况下进行客流疏散所设置的紧急疏散标识。

导向标识系统具有两重性:一是具有指令性交通标识的作用;二是具有引导性公共设施符号标识的功能。城市轨道交通车站作为交通建筑的一种,在客观上要求使用者能够快速移动,并能最大限度地减少使用者在其中的无效停留时间。因此,科学合理地使用标识系统,也是提高城市轨道交通客运服务质量、体现管理水平的重要手段。

一、导向标识系统的分类

1. 按功能的不同分类

导向标识系统按照功能的不同可分为方向性标识、示警性标识和服务性标识等。

（1）**方向性标识** 方向性标识为乘客提供引路信息和定位信息，是明示目的地前进方向的标识。在地铁车站内，任何一处可能使乘客产生疑惑的分叉处（如出入口方向、换乘方向、列车运行方向等）均需设置一种或多种明确的方向性标识，如图2-1所示。此外，在电梯间、售票处、检票处和卫生间等特殊用途的区域也需设置方向性标识。

（2）**示警性标识** 示警性标识一般是危险或警告标识，是提醒乘客有危险或禁止乘客不合理行为的标识。在有安全隐患的地方或需要禁止乘客某种行为时，均会设置一种或多种明确的示警性标识，如图2-2所示。自动扶梯三角区的"小心碰头"、站台上的"禁止倚靠安全门""小心夹手""当心触电""禁止吸烟"等都是示警性标识。

图2-1 方向性标识

图2-2 示警性标识

（3）**服务性标识** 服务性标识为乘客提供公共服务信息，主要包括地铁线路图和车站分布图、列车运行时刻表、票价信息、卫生间、公用电话、商业设施、车站周边公交线路与公共设施指南等，如图2-3和图2-4所示。

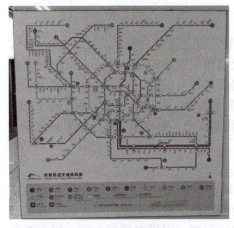 

图2-3 成都地铁线网图　　　　　　　　　图2-4 成都地铁车站空间示意图

2. 按标识体系分类

导向标识系统按照标识体系可分为导向标识、定位标识、信息标识和提示标识。

（1）**导向标识** 导向标识指标识系统中，引导旅客前往进站口、检票口、出站口、紧急出口等地点及行车方向、换乘导向标识的标识，如图2-5所示。

图2-5 站内换乘导向标识

（2）**定位标识** 定位标识指标识系统中的地铁站标识、站名标识、补票定位标识以及卫生间、电话、银行、站务室、警务室、电梯等所在位置的标识，如图2-6所示。

（3）**信息标识** 信息标识指出口关闭时间表、列车时刻表、运营网络图、行程路线图、运营时刻表、运营线路资费图、乘车位置标识和线路标识等，如图2-7所示。

图2-6 无障碍电梯、卫生间定位标识

（4）**提示标识** 提示标识指标识系统中的通行提示、注意、禁止吸烟、禁止奔跑、禁止危险品、禁止饮食、禁止携带动物、报警设施等标识，如图2-8所示。

图2-7 运营网络图、运营时刻表信息标识

图2-8 禁止攀爬、禁止吸烟、安全提示标识

二、导向标识系统的设计

城市轨道交通车站导向标识系统是由图形、文字、特定颜色及集合形状组成的标识牌体，向乘客传递安全警告、禁令、指令、宣传及城市轨道交通相关引导内容，是公共空间标识系统中最重要的交通指示标识，能帮助乘客寻找正确的路线到达目的地，是为乘客提供优质服务的一种体现。因此，车站导向标识应遵循"导向清晰准确性、标识标准化、标识系统化"的设计原则，引导乘客迅速地按照车站预先设计的移动线路流动，避免造成站内混乱或拥堵。

1. 导向标识系统的设计原则

（1）导向标识的醒目性、清晰性和准确性原则

① 导向标识的醒目性。导向标识在设置位置、材料选用、形式、规格等方面方便乘客识别，避免被其他固定物体遮挡，与广告之间应有一定的间隔。在夜间使用时，应配有足够的照明或内置光源。版面信息应符合人体生理特征及阅读习惯，以横向排版为宜，将主要导

向信息和乘客所需信息排列在易于被乘客发现的位置。

② 导向标识的清晰性。导向标识中,通过笔画粗细、字体形式、色彩对比、行列间距、周边留白等优化设计,使图形符号、中英文字、数字等彼此之间应清晰,易于辨认。

③ 导向标识的准确性。车站导向标识系统在功能设计上基于充分体现车站站房设计的客流组织理念,正确指示方向和位置,准确表达相关警示信息。

(2)标识标准化原则 城市轨道交通系统导向标识系统是公共信息导向系统的一个组成部分,因此,首先应遵循公共信息导向系统国家标准(GB/T 20501.6—2013 以及 GB/T 20501.2—2013),并在此基础上,结合国家标准(GB/T 18574—2008)《城市轨道交通客运服务标志》进行城市轨道交通标识系统的设计。

目前,我国还没有城市轨道交通导向标识的标准文件,不同城市甚至同一城市不同线路的导向标识(如颜色、符号等)都不尽相同。因此,导向标识如要统一、简单、清楚,可在颜色、图形表示及符号上,尽量对接国际标准,且中英文要规范。

① 导向标识的颜色。人们在视觉范围内,对色彩的辨别反应最快,在导向标识设置中,首先应考虑颜色的运用。一般来说,红色表示禁止、停止,多用于禁止标识,如图2-9所示;黄色表示警告和注意,如"当心触电""小心夹手"等,如图2-10所示;蓝色表示指令,多用于指令标识,如"必须佩戴安全帽",如图2-11所示;绿色则表示安全通行,如图2-12所示。

图 2-9 禁止标识

图 2-10 警告标识

图 2-11 指令标识

图 2-12 通行标识

② 导向标识的符号。导向标识的符号应满足国家规范、标准以及国际惯用的符号,使人们易于接受和理解。现阶段导向标识符号的设计大都参照《标识用公共信息图形符号》,见表2-1。

表 2-1 《标识用公共信息图形符号》部分图例

图例	名称	说明
	火车 Train	表示铁路车站或提供铁路运输服务 用于公共场所、建筑物、服务设施、方向指示牌、平面布置图、信息板、车站站牌、时刻表、出版物等
	地铁 Subway	表示地铁车站或提供地铁运输服务 用于公共场所、建筑物、服务设施、方向指示牌、平面布置图、信息板、车站站牌、时刻表、出版物等

（3）标识系统化原则 导向标识设置是一个系统工程，涉及多门学科，如系统工程学、心理学、美学和行为学等，因此，在设置时要重点考虑以下几个方面：

① 信息传递连贯性。导向标识系统传递的信息应前后关联、相互呼应，形成一个较为稳定连贯的信息体系，避免导向信息的断链或相互矛盾。

② 系统效率最大化。设计导向标识系统时应考虑充分发挥车站内部设备的效率，减少乘客在站内停留时间，快速有序地疏解乘客。

③ 标识显示多样化。应充分运用心理学、美学和行为学等相关领域知识，系统地设计多样化的标识系统，使标识系统"抓眼球、易读懂、成体系"。如在大型的城市广场或环境复杂地区设置醒目的行人指示牌，指明最近的地铁车站出入口方位，如图 2-13 所示；在车站出入口附近设置地铁标识灯箱，标识地铁出入口的位置；在站厅设置售票、问询、票价、进站、乘车方向、地铁线路图、列车时刻表等信息标识，引导乘客顺利进入乘降区；在站台上设置列车信息显示屏，配合车站广播，指引乘客准确乘降列车；在列车上设置动态到站显示和列车广播，提醒乘客及时下车出站，从而形成系统化、多样化的乘客出行标识系统，方便乘客出行，如图 2-14 ～图 2-17 所示。

图 2-13 成都东客站地铁入口指示

图 2-14 成都地铁自动验票机

图 2-15 成都地铁多媒体触摸查询机

项目二　城市轨道交通车站导流设备设施运用　11

图 2-16　地铁车站列车信息显示屏

图 2-17　地铁车站线路图

2. 导向标识系统的设计要点

车站导向标识系统是为方便乘客及其出行服务的,导向标识系统设计的关键是了解与满足不同乘客以及他们在不同地点对导向信息的需求。导向标识系统的设计要点如下:

① 全过程、不中断地提供导向信息。从车站外面的公交站点与商业设施到车站出入口、从车站出入口到站台以及换乘站台之间,在乘客决策前行方向的位置处均应设置导向标识,旨在消除乘客对"前行方向是否正确"的疑虑。

② 导向标识应以颜色、符号和形状以及它们的组合为主。应采用标准的用语、规范的字体、易于辨认与理解的符号、统一的形状与颜色,合理地设置位置。

③ 信息量应最小。在满足引导客流的功能前提下,导向标识所展现的信息应直观、易懂。为了避免导向信息被弱化,商业广告应与导向标识保持一定距离。

④ 为了满足盲人乘客、轮椅乘客、不识汉字乘客对导向标识的特殊要求,应设置盲道触觉导向标识、在无障碍通道内设置导向标识以及采用中英文对照等,如图 2-18 和图 2-19 所示。

⑤ 考虑运营结束后保养、维修的方便与经济。

图 2-18　地铁盲道及无障碍电梯标识

图 2-19　地铁盲道及无障碍电梯标识图

3. 导向标识系统的设计

导向标识系统的设计要充分表达车站设计时的客流组织理念,满足引导乘客快速高效乘车的要求,同时方便车站工作人员组织客流。为了更好地传播导乘信息,导向标识系统的设计不但要考虑在合适的位置把乘客需要了解的信息用文字、图形等形式进行及时的展示,还要考虑导向标识的颜色、设置方式、材料所产生的实际视觉效果。具体设计要着重考虑以下方面:

(1) **导向标识位置选择要求**　城市轨道交通导向标识位置必须符合人机工程学原理。位置设计应充分考虑人在平面和垂直方向上的最佳视线角度,再根据视角、视距等确定环境标识的平面和竖向具体位置，进而形成最佳的观赏效果。同时要注意环境标识的位置必须符合人流方向，以适合多数人的视线需求。

城市轨道交通导向标识位置必须与环境有机结合。第一，标识与空间性质相结合，如室内标识通常设置在共享空间墙面、走廊两侧等，有时也会设计在前上方悬挂；室外标识一般设置在空间交通节点、道路一侧、建筑物上和入口周围等；第二，标识位置的设置应具有一致性。一致性是指同类标识的位置应保持相对固定不变，如通道内导向流线的标识通常固定在前进方向的视线上方位置，而紧急疏散标识往往设置在通道的踢脚线位置；第三，标识位置设置要有秩序性。秩序性是指在进行标识设计时，要注意人的心理和视觉习惯（一般是从大到小、从左到右、从上到下等）主要的、整体性的标识要处于心理的视觉的突出位置，其他标识处于相对次要的位置，进而形成一定的内在秩序，层次清晰；第四，空间标识的位置必须醒目，能够充分引起人们的注意，起到瞬间传达内容的作用，以实现导乘的目的。具体设计标识位置要求应注意以下几个方面：

① 标识牌在环境中必须醒目，其正面或侧面不能有过于显眼的其他物体或内容，妨碍乘客视读标识，因为乘客在根据导向标识进行视读时被旁边的其他有趣或鲜艳的内容所吸引会导致部分乘客注意力不集中而发生意外或迷失方向。

② 在较短的通道内不需要重复进行标识的张贴、摆放、悬挂等，尽可能地做到通道内的标识整洁，使乘客一目了然。如果通道过长，需要在通道内按照标准要求距离进行适量的重复布置。

③ 指示性的导向标识应该设置在紧靠所指示的设施上方或侧面或足以引起人们注意的地方，如站台层上方应悬挂导向标识，表明列车的行驶方向，以免乘客上错列车。

④ 为了传递完整信息使乘客快速辨识，单个使用导向图形标识时，图形标识应该与方向标识显示在同一标识牌上。比如，在 TOD 模式（以公共交通为导向的开发，规划居民小区或商业区域时，使公共交通的使用能够最大化地进行商业无缝衔接的模式）中，由于区域过于宽阔，其中许多地点（如停车场、地铁站、出租车乘坐点等）都归于一起，很容易使人记不清楚这些地点分别是在哪些地方，而此时的导向标识所指方向应该与文字结合起来指引正确的方向。

⑤ 每个方向的系列图形标识一般最多只能有四个图形标识和适当空位，过多的图形会使标识看起来杂乱无章，无法进行清楚的辨识，这样就违背了标识系统的清晰性原则。

⑥ 并列设置的引导两个不同方向的标识牌之间至少应有一个空位，这是为了方便小型车站后续发展进一步扩大而预先留有的位置，如果周边出现大型商业区就不需要对车站内部的导向标识进行大面积的更换，也能更好地进行引导。

⑦ 图形文字可以辅以文字说明。字的高宽度与图形的高宽度的比例采用黄金分割比例或 5/8 的比例。采用比例是为了改善文字与图形结构的紧密。

⑧ 标识牌上有多项信息和不同方向时，一般最多可布置五行，并按逆时针顺序排列方向标识（箭头）方向。一行中，标识两个方向的图形表示其间距应不少于两个空位。

（2）**导向标识的文字规划**　导向标识在文字上应做到准确、简明、规范地反映表达信息，文字不宜过多。在采用组合标识进行导向时，组合信息简明扼要，否则会影响导向信息的传播效果。

导向标识中文字的字体对乘客的视觉效果通常有重要影响，黑体字或圆头体字易识别，传达信息快速明了，使用较为广泛。

导向标识文字的大小以及高度应保证标识传递信息的最大观察距离为基准，为了给乘客带来最佳的视角，远距离观看导向标识时，标识的最佳高度为视角上仰 10°，在这个视角范围内的导向标识使乘客更容易获取信息，还应该考虑与周边环境相互协调。

（3）**导向标识图案选择与组合规划** 导向标识的外形（或边框）图案形状主要有矩形、圆形和等边三角形三种。一般来说，圆形图案多用于限制和禁止标识，等边三角形多用于警告标识，其他的标识图案基本都为矩形。这些外形不仅仅只在地铁内可以看见，在许多危险性过多的地方也会出现，以确保人们的人身安全。在进行方向与图形设计时，如果不经过深思熟虑，标识牌上所传递的信息将会变得混乱，无法进行正确指引。因此，导向标识的文字和图案组合平面布置应该符合以下要求：

① 标识中的箭头不应该指向图形符号、文字和数字等。横向布置时，箭头指向左方时，图案符号、文字、数字等应该位于右方；箭头指向右方时，图案符号、文字、数字等应该位于左方；箭头指向上或指向下时，图案符号、文字、数字等应该位于右方。纵向布置时，箭头指向下时，图案符号、文字、数字等应该位于上方；其他情况，图案符号、文字、数字等应该位于下方。

② 标识中的文字、数字一般不应位于图案符号的上方，也不宜位于图案符号和箭头之间。

③ 一般不宜在图案符号内添加任何文字、数字。

④ 箭头、文字、数字、图案之间应该留有适当的距离。

当两个或两个以上的单一标识相临设置时，可以根据一定的原则进行标识间组合设计，标识的组合设计一般应该符合以下原则与要求：

① 单一组合标识传递的信息不宜多于三条，其中图案符号、文字、数字、箭头的尺寸一般应该分别统一。

② 功能相同的单一标识可以直接组合。禁止标识、警告标识可以直接组合，同方向的出入口可组合在同一标识中。

③ 某些标识不宜组合设计。定位标识不宜与引导标识组合，服务设施引导标识、安全保卫引导标识不宜与其他标识组合。

④ 使用功能相同的单一标识组合时，应该按显示信息重要程度的顺序排列，最重要的信息应该布置在标识的中央，禁止、警告标识组合时，宜按禁止、警告的顺序排列。

⑤ 引导同一方向的不同单一标识组合时，宜共用同一箭头。引导组合标识不同指向部分之间必须设置明显的界线或空位，引导组合标识的箭头宽度不应小于其中任何一个图案符号或一行文字的高度。

（4）**导向标识颜色的运用** 在所有标识的表现形式中，色彩给人的感官刺激最为直接。利用色彩作为导向标识的一种表现方式，可以给人一种直观的感觉，让人在最短的时间内接近或到达所期望的目标。但色彩标识所表达的信息量有限，复杂信息的烦琐色彩表现会使人感到烦乱或无所适从。因此，色彩标识系统只能作为文字引导系统的一种补充。

交通工程学、视觉神经和旅客心理的相关基础理论证实了颜色识别具有如下优越性：

① 文字性标牌的阅读时间和色彩型标牌的阅读时间之比大约是 4∶1。

② 色彩标识简单明了，视觉识别度高，容易阅读理解，人们在心理上更易于接受。

③ 颜色相比于文字的远距离识别性好。交通工程学表明，在固定 230m 的视距下，黄色的视觉清晰面积可以小到 $1.3m^2$，而黑色可达 $3.3m^2$。但如果换成同样大小的文字，视觉清晰面积为 $3\sim4m^2$，几乎与黑色视觉清晰面积一致，见表 2-2。

表2-2　230m视距下不同颜色视觉清晰面积

颜　　色	黄	白	红	蓝	绿	黑
清晰面积/m^2	1.3	1.5	1.7	1.9	2.0	3.3

在地铁的标识引导系统中，常规的方法是按照不同线路类别配置识别色，这些线路的识别色可分别用于轨道交通引导系统、各线路列车车身或轨道交通线网图等，以达到简化信息传递、方便乘客换乘、提高服务水平的目的。例如，换乘车站就可以利用车体的识别色引导同站台乘客选择相应的列车。在此基础上，还可以根据其部位的重要性以及人流量再细分等级。在同一区域级内，可以按乘客活动空间和内部工作人员使用空间设置划分出子级并赋予不同色彩。

车站地面是经常使用色彩标识的一个对象，如图2-20所示。在车站地面采用色彩导向标识时，其地面区域划分和布局应遵循的原则是公共区域优于内部区域，通道优于厅台，人流密集区域优于人流稀少区域。然而，并不是车站的所有地面都要引入色彩标识引导系统，色彩标识引导系统主要集中在出入口、通道、人流交织枢纽、楼梯、上下车等功能繁杂区域。

图2-20　地面导向标识

车站地面色彩导向标识主要分布在走廊地面的边线和通道交叉处的中心部分，如图2-21所示。如果要在地面铺设箭头符号等，要注意简洁和布局合理，在主色调统一的前提下，画龙点睛式地引入地面色彩导向标识，大面积的色调变化容易引起视觉混乱。对于存在高度差的地面，应考虑使用材质和色彩变化引起乘客注意，起到交通警示的功能。

图2-21　地面色彩导向标识

墙面是另一处经常使用色彩标识的空间，如图2-22所示。在车站平面图中，车站一般划分为多个不同的区域，每个区域配置不同的颜色作为该区域的标识色彩。墙面导向标识作为引导标识系统中的重要部分，其色彩应和导向区域的标识色彩相一致。在有扶手和防撞带的地方，其扶手的装饰线及防撞带的收口线的颜色如和本体颜色有别，那么应尽量考虑选用该区域的标识色彩。在出入口对标识色彩的运用可以相对大胆一些，除了收口边线及装饰线外，还可以利用部分板和面的立体及平面分割，大面积地运用区域标识色彩。在墙面上运用色彩引导标识，应当注意和周边空间环境色彩的协调，采用不同材质的材料，应考虑尽量缩小其产生的色差。

图 2-22　墙面导向标识

车站天花板往往不使用色彩导向标识。在必须设置时，可采用空中悬挂导向标识。一方面，从内装修设计来说，地铁车站作为一种交通转换场所，为了降低造价，在保证无坠落物的情况下可以不安装天花板；另一方面，如果安装天花板，也不宜大面积使用色彩。一旦在地铁站内部地面、墙面和天花板大面积使用色彩，会造成视觉疲劳。

（5）导向标识的材料选择　导向标识设计的材料要根据设计目的、标识结构进行选择。选择材料要符合设计理念，结构是否容易实现，还要考虑使用寿命。有时为了延长材料的使用寿命，需要对材料进行特殊处理，如防蛀、防潮和防锈处理等。

导向标识往往由多种材料制作而成，此时，除了考虑各种材料的面积、形态和色彩机理等要协调外，还要注意每种材料在温度和湿度变化情况下的伸缩率。伸缩率相近或相同的材料制成的标识较为坚固，反之容易变形。材料选择要特别注意环保和消防的要求，既要考虑对人体无害、无毒、无辐射、可回收利用，还要考虑防尘防菌、耐热和阻燃等要求。

经济性是选择导向标识材料的另一因素。经济性是指材料的造价、施工的难易程度、材料的使用寿命、材料的后期维护费用等。在设计中，要尽量使用造价较低同时又满足功能、结构等设计要求的材料。

> **小知识**
>
> 导向标识常用的材料如下：
> ① 金属材料。金属材料包括抛光铝板、亚光铝板、波形铝板、氧化铜铝板、抛光不锈钢板、铜板、各类合金板、网孔金属板、铝管、不锈钢管和铜管等。
> ② 木结构材料。木结构材料包括各种木板、木方、圆木、三合板、五合板、多层板、纤维板、密度板和贴面防火板等。
> ③ 石材及仿石材料。石材及仿石材料包括大理石板、花岗石板、人造石板、复合石板、水磨石板、砾石和卵石等。
> ④ 复合材料。复合材料包括平板玻璃、聚氨酯高密度板材、玻璃纤维、亚克力板、铝塑板、阳光板、垫板、PS 板、石膏板、透光板和玻璃钢等。
> ⑤ 构筑材料。构筑材料包括混凝土、砖、饰面砖、沙石、钢筋和金属连接件等。
> ⑥ 辅助材料。辅助材料包括荧光漆、弹性材料、磁漆和聚氨酯漆等各种黏结剂材料。
> ⑦ 现代材料。现代材料包括利用霓虹灯管、发光材料、激光投射、光导纤维和数字技术等多种现代材料与技术制作而成的导向标识。

（6）导向标识的设置方式

① 贴附式。采用钉挂、粘贴、镶嵌、喷涂等方法直接将标识的一面或几面固定在物体上的设置方式。

② 吊挂式。通过拉杆、吊杆等将标识上方与建筑物或其他结构物连接的悬空设置方式。

③ 悬挑式。将标识直接固定在悬臂上的设置方式。

④ 落地式。将标识固定在一根或多根支撑杆顶部的设置方式。

⑤ 架式。将标识固定在杆架内或支撑杆之间的设置方式。

⑥ 摆放式。将标识直接放置在使用处的方式。

三、导向标识系统的应用

导向标识系统应简洁、完整、美观，信息提示应按照乘客的需求从一般信息到详细信息逐级设置，遵循信息适量原则、位置适当原则、连续性原则、一致性原则以及安全性原则，以达到"以人为本"及"服务乘客"的方针。

1. 通过图案和文字显示的导向标识应用

（1）确认标识应用　确认标识是用以表明某设施或场所的标识，如客服中心，如图 2-23 所示。

（2）导向标识应用　导向标识是用以向乘客提供某设施或场所方向指示的标识，如图 2-24 所示。

图 2-23　客服中心（确认标识）

图 2-24　自动售票间导向标识

（3）综合信息标识应用　综合信息标识是用以表达乘客需要了解的与轨道交通系统相关的标识，如图 2-25 所示。

（4）禁止标识应用　禁止标识是不准许乘客发生相应行为的标识，如图 2-26 所示。

图 2-25　综合信息标识

图 2-26　禁止标识

（5）消防安全标识应用　消防安全标识是与消防安全有关并符合消防规定的标识，如图 2-27 所示。

图 2-27　消防安全标识

（6）安全警告标识应用　安全警告标识是提示乘客注意，避免可能发生危险的标识，如图 2-28 所示。

图 2-28　安全警告标识

2. 发光显示与否的导向标识应用

（1）通电发光导向标识应用　一般导向标识采用通电发光式，悬挂在天花板下，外接电源发光。如各出入口方向、乘车导向标识和闸机上方状态指示标识等，如图 2-29 所示。

图 2-29　通电发光导向标识

（2）蓄能或蓄电发光导向标识应用　蓄能或蓄电发光导向标识主要用于疏散导向标识，通过平时蓄能或蓄电，在没有照明时能自主发光，引导乘客紧急疏散到安全区域，如图 2-30 所示。

（3）不发光导向标识应用　不发光导向标识主要指一些地面信息、安全警示、公共告示（图 2-31）或温馨提示等标识。

图 2-30　蓄电发光导向标识

图 2-31　公共告示

3. 通过引导目的指示的导向标识应用

（1）**进站导向标识应用**　将乘客从地面经由出入口、通道、站厅非付费区、进站检票口、楼扶梯、站台，引导至所乘列车的导向标识，主要包括站外路引（沿该城市轨道交通方向地面 500m 范围内连续设置）、车站站名、站内乘车导向（以 20～30m 为间隔距离连续设置）、售票导向及定位、检票口定位、乘车导向、行车方向导向等标识，如图 2-32 所示。

图 2-32　进站导向标识

（2）**出站导向标识应用**　将乘客从列车引导至目的地车站，经由站台、楼扶梯、出站检票口、站厅非付费区、通道、出入口直至地面的导向标识，主要包括楼扶梯导向、换乘导向、地面信息、出口导向（以 20~30m 为间隔距离连续设置）等标识，如图 2-33 所示。

（3）**换乘导向标识应用**　将乘客从某线路的站台引导至另一条线路的站台，经由站台、楼扶梯、站厅付费区、楼扶梯至另一站台的导向标识，主要包括楼扶梯导向、换乘方向、乘车导向等标识，如图 2-34 所示。

图 2-33　出站导向标识

图 2-34　换乘导向标识

（4）**疏散导向标识应用**　从站台设备区和公共区一直到出入口，车站在顶棚板下方或沿地面和墙壁连续设置的疏散标识（包括在隧道墙壁上连续设置引导至车站方向的疏散标识），引导乘客在紧急情况下迅速疏散。一般采用蓄能或蓄电发光导向标识。

案例分析——成都地铁 4 号线万盛车站导向标识系统

成都地铁 4 号线西起西河站，西端端点站为万盛站。万盛站一共含有 ABCD 四个出入口，站外标识多采用立柱式的进站导向标识，提醒乘客就近的地铁车站名称及方位，如图 2-35 所示。出入口处均设置了成都地铁列车运营时间等信息标识，如图 2-36 所示。

在乘坐自动扶梯的入口地面会用不发光的黄底黑字标识来警示乘客注意安全，在每一个有可能发生安全事故的地方都会采用这种标识来提醒乘客乘车安全。在进口通道的墙顶面上会张贴出温馨提示，乘坐地铁时严禁携带"三品"、超长超宽物品、宠物等，以确保乘客在乘坐时的安全性，如图 2-37 所示。

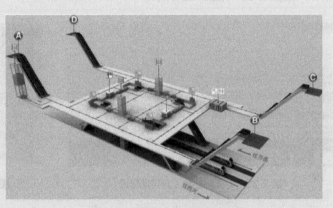

图 2-35　万盛站三维立体示意图

图 2-36　万盛站列车运营时间信息标识

图 2-37　万盛站进站警示标识

在站厅层非付费区会出现一系列的引导标识，比如自动售检票、人工服务台、客户服务中心、卫生间位置、安检进站处等标识。在付费区内的导向标识会为乘客提供列车的运行方向，防止乘客坐错方向，如图 2-38 所示。

图 2-38　万盛站导向标识

在站台层，使用悬挂式的导向标识为乘客提供列车前往方向及本站站名，在站台门的下方地面会有警告标识，提醒乘客请勿近距离靠近站台门，有序排队上下车；在端门附近有警示标识，提醒人们注意安全。站台层的乘客信息显示屏上会显示近两列车即将进站时间，当发生紧急情况时，乘客信息显示屏上会出现紧急通知。在升降梯处会出现残疾人专用的提示标识。出站时，乘客可以根据导向标识提供的站口位置去往离目的地最近的站口出站，如图2-39～图2-42所示。

图2-39　万盛站站台上方导向标识

图2-40　万盛站站台地面安全警告标识

图2-41　万盛站站台上方悬挂的乘客显示屏

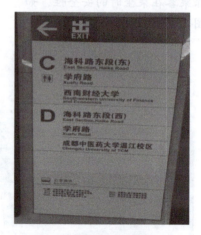

图2-42　万盛站出站导向标识
（其中包含站点周边的公交资讯）

任务二　城市轨道交通车站导流设备、设施的运用

任务目标

1. 了解车站导流设备、设施的功能。
2. 掌握车站导流设备、设施的运用。
3. 掌握车站设备、设施通过能力的分析方法。

> 知识课堂

城市轨道交通车站导流设备、设施主要包括楼扶梯、AFC 终端设备以及导流辅助设施等。车站导流设备、设施的运用将直接影响站内乘客流线的组织。

一、楼扶梯运用

城市轨道交通地下或高架车站一般由两层或三层组成，各层之间都设有楼梯、自动扶梯或垂直电梯，以方便有不同需求的乘客进出车站和乘坐列车。

（一）楼梯的运用

有些车站从出入口到站厅层的通道或换乘车站分层换乘时的通道为步行楼梯，进站客流和出站客流混用，没有严格划分区域，当客流较大时就容易产生进出车站客流对流冲突的情况，对车站的客流组织工作影响较大。有些车站，既有步行楼梯也有自动扶梯，自动扶梯可有效地将进出站的客流分开，避免对流或拥挤。在客流量较大的车站，一般在步行楼梯中央设置栏杆，这样可以有效地将进出站客流引导分开，例如成都地铁市二医院站 3 号线和 4 号线的换乘通道，如图 2-43 所示。

图 2-43　成都地铁换乘通道楼梯

> 📝 小知识
>
> 楼梯一般采取 26°～34° 的倾角，其宽度单向通行不小于 1.8m，双向通行不小于 2.4m。当宽度大于 3.6m 时，应设置中间扶手，且每个梯段不宜超过 18 步，双向通行不小于 2.4m。
>
> 当车站发生紧急情况时，楼梯主要用于车站向外疏散乘客，所以平时应保持车站楼梯畅通，任何物品不得堆放在楼梯处，任何人员不得滞留在楼梯处。

（二）自动扶梯的运用

自动扶梯是带有循环运动梯路向上或向下倾斜输送乘客的固定电力驱动设备，具有连续输送功能，能够在短时间内输送大量乘客，如图 2-44 所示。

图 2-44　自动扶梯

扫一扫

自动扶梯系统构成

> 📝 **小知识**
>
> 自动扶梯一般采用小于或等于30°的倾角，两台相对布置的自动扶梯工作点间距不得小于16m；扶梯工作点至前面影响通行的障碍物间距不得小于8m；扶梯与楼梯相对布置时，自动扶梯工作点至楼梯第一级踏步的间距不得小于12m。若车站出入口不受提升高度的限制，均应设置上、下行自动扶梯。站厅层与站台层之间一般宜设上、下行自动扶梯，对客流量不大的车站且高差小于5m时，可用楼梯代替下行自动扶梯。按照《城市快速轨道交通工程项目建设标准》，自动扶梯和步行楼梯的设置标准见表2-3。

表2-3　自动扶梯和步行楼梯的设置标准

提升高度 H/m	上　行	下　行	备　用
$H \leq 6$	自动扶梯	—	—
$6 < H \leq 12$	自动扶梯	△	—
$12 < H \leq 19$	自动扶梯	自动扶梯	△
$H > 19$	自动扶梯	自动扶梯	自动扶梯

注："△"表示重要车站也可设置自动扶梯。

目前，各城市轨道交道系统使用的自动扶梯品牌和型号不尽相同，各品牌操作程序各有差异，下面列举其中一种操作程序。

1. 自动扶梯的控制级别

（1）就地控制　在正常情况下，自动扶梯采取就地控制，车站监控运行状态。

（2）车站级控制　紧急情况或火灾情况下，通过车控室综合后备盘（IBP盘）上的自动扶梯紧停按钮，可使车站非疏散扶梯全部停止运行，并作为固定楼梯进行紧急疏散，而作为疏散用的自动扶梯将继续运行承担疏散人群的任务。

2. 自动扶梯操作开关按钮

在自动扶梯扶手的上下及左右两端，有"紧急停止"按钮、"上、下行运行"钥匙开关、"报警停止"钥匙开关等操作按钮，用于自动扶梯的现场操作及控制。

（1）"紧急停止"按钮　扶梯上、下方及长扶梯的中部均设有紧急停止按钮。用于当自动扶梯出现威胁乘客安全等紧急事故时自动扶梯的紧急停止。

（2）"上、下行运行"钥匙开关　"上、下行运行"钥匙开关用于自动扶梯运行方向的选择。

（3）"报警停止"钥匙开关　"报警停止"钥匙开关用于自动扶梯开启前的鸣笛及自动扶梯的正常停止操作。

另外，在自动扶梯内侧面板上下端部贴有安全提示形象贴图，向乘客提示乘坐自动扶梯的安全注意事项，如图2-45所示。

3. 自动扶梯日常启动操作

（1）自动扶梯运行前的准备　自动扶梯运行前的准备包括"两检查，一确认"。

① 检查扶梯踏板、扶手带、梳齿板和裙板，

图2-45　自动扶梯内侧版面的安全提示贴图

裙板与梯级间的间隙。清除夹在里面的碎纸、小石子和口香糖等。

②检查自动扶梯周围的安全设施（三角区的护板、栅栏、隔板及防护网）有无破损等异常情况。

③确认紧急停止按钮是否处于正常状态。如果处于动作状态，必须将其恢复到正常状态。

（2）开启自动扶梯的程序

①用扶梯钥匙在扶梯上平台或下平台打开扶梯锁梯盒，先按扶梯上行按钮让扶梯向上运行10s后，再根据扶梯所需的运行方向调整扶梯运行方向。如保持扶梯向上运行，则完成扶梯开启工作；如调整扶梯向下运行，则按下扶梯上平台处、下平台处的停止运行按钮，让扶梯停止运行；再在扶梯锁梯盒处按下扶梯下行按钮让扶梯向下运行，完成扶梯开启工作。

②在扶梯开启运行过程中，确保无人进入扶梯运行区域，以免发生伤人事故。

③在扶梯开启运行过程中，观察扶梯运行30s，确保扶梯没有空缺梯级和异常响声；如发现扶梯有空缺的梯级或异常响声，应立即停梯，且立即通知扶梯厂家的维保单位紧急处理。

4. 自动扶梯日常关闭操作

①在扶梯需要停止运行时，确保无人进入扶梯运行区域。

②在扶梯运行相反的方向操作停梯工作，如扶梯向下运行：保证无人进入扶梯运行区域时，在扶梯上平台处按下扶梯停止运行按钮，反之亦然。

③当发现扶梯运行有异常响声或发现扶梯运行事故后，应立即停梯且立即通知扶梯厂家的维保单位紧急处理。

④正常停止扶梯后，应采取措施，设置停止使用牌，防止乘客将其当作楼梯使用。

5. 自动扶梯紧急停止操作

（1）就地操作　在出现异常的状况下，必须使用紧急停止按钮时，应大声通知乘客"紧急停止，请抓住扶手带"后，再按下紧急停止按钮。放开手后，若红色按钮呈现向外膨胀凸出的状态，表示已恢复正常状态；放开手后，若红色按钮仍保持凹进状态，则用手按动红色按钮的周围，使其恢复到正常状态。

（2）车控室操作　在车控室IBP盘上，插入钥匙，按压扶梯停止按钮，如需复位则再次按压恢复按钮状态。

6. 自动扶梯转换运行方向操作

将钥匙插入报警停止开关，向左旋转，鸣响警笛。确认扶梯梯级上无人后再用钥匙向右旋转至停止位置，放手后待钥匙回到中央位置，再将钥匙拔出。待扶梯完全停止运行后，将钥匙插入运行开关。

7. 自动扶梯故障处理

（1）自动扶梯夹物处理　在条件允许的情况下等待专业维修人员到场，站务员负责现场的维护，如在自动扶梯上、下部设置围栏或派专人在现场进行看护；在条件不允许的情况下，把事故自动扶梯的总电源关闭，用作固定楼梯使用。

（2）自动扶梯夹人　关闭事故自动扶梯的总电源，安抚受伤乘客，在条件允许的情况下等待专业救护人员到场，站务员维护现场；在条件不允许的情况下，把事故自动扶梯的总电源关闭，根据运营应急处理程序处理。事故自动扶梯必须断电，在进行救护时必须确保自动扶梯总电源已关闭。

8. 自动扶梯安全事故应急处理程序

（1）紧急停梯　扶梯客伤目击者应第一时间按停扶梯，同时做好停梯前的提醒，防止客伤进一步加剧。

（2）**立刻上报** 车站工作人员获知自动扶梯事故后，立即将故障、乘客受伤大致情况报车控室，车控室报告值班站长，并视具体情况报120、119、地铁公安，联系乘客家人。

（3）**安抚乘客及家属** 值班站长、客运值班员等立即赶到现场安抚受伤乘客，对于伤者适当进行前期处理，例如伤口包扎、止血，为乘客提供座椅和饮用水等。

（4）**目击证人取证** 寻找两名及以上目击证人，并记录下事情经过，由客运值班员/值班站长利用录音笔、相机等对伤者受伤原因、伤势和现场进行取证及善后跟进处理。

（5）**对现场进行围蔽** 对于伤势较重不能立即移动的乘客，马上将现场用屏风围蔽，视情况封闭出入口/站台/站厅，疏散围观乘客，妥善应对媒体采访。

（6）**恢复运营** 将乘客交由医护人员处理，视情况进行准备担架、应急备用金、派人前往医院协助等善后处理，现场公安取证完毕，清理现场后，重新开启扶梯，恢复正常运营。

（三）垂直电梯的运用

城市轨道交通车站垂直电梯一般设置在出入口、站厅层和站台层之间，是给有需要的人士使用，如携带大件行李乘客、特殊需求乘客（如残疾乘客）等，如图2-46所示。

垂直电梯一般主要包括车站内的液压电梯和无机房电梯两种。垂直电梯具有应急照明、门光幕保护、开关门受阻保护的功能。

图2-46 垂直电梯

1. 车站垂直电梯的日常操作

（1）**开启垂直电梯** 站务员检查垂直电梯厅门周围有无障碍物，保证厅门畅通；站务员在站厅开启垂直电梯，并乘坐至站台，查看垂直电梯显示是否正常、轿厢是否平稳。

（2）**停止垂直电梯** 车站末班车开出后，站务员巡视完站台，在站台乘坐垂直电梯至站厅，确认无人使用后，用钥匙关闭垂直电梯电源；垂直电梯再接收到锁梯信号后，将不再响应其余呼梯信号，直接驶至基站，停止运行。

2. 车站垂直电梯的火灾模式联动

（1）**站台层至站厅层的垂直电梯** 当站厅层烟雾探测器探测到火灾报警时，或井道顶部的烟雾探测器探测到火灾报警时，垂直电梯自动停到站台层，并打开轿厢门；当站台层的烟雾探测器均探测到火灾报警时，垂直电梯自动停到站厅层，并打开轿厢门；当站台层、站厅层的烟雾探测器均探测到火灾报警时，垂直电梯自动停到站厅层，并打开轿厢门。

当车站发生火灾，垂直电梯所有轿厢和层站呼叫按钮、关门开门按钮都不会起作用。层站指示板上停止服务指示灯亮起，同时电子语音器发布适当警告信息。

（2）**站厅层至地面垂直电梯** 站厅层至地面垂直电梯在接到火灾报警信号后，垂直电梯所有轿厢和层站呼叫按钮、关门开门按钮都不起作用。层站指示板上停止服务指示灯亮起，同时电子语音器发布适当警告信息。垂直电梯运行到地面层，打开轿厢门疏散乘客，停止运行。只有在火灾信号消除后，控制开关重新设置到正常位置，才能恢复正常运行。

3. 垂直电梯的故障处理

当出现故障时（未停运），首先要停止运行，关闭垂直电梯总电源，完成以上步骤后再联系维修人员进行维修。垂直电梯运行中因供电中断、垂直电梯故障等原因而突然停止行驶，将乘客困在轿厢内时，站务员应安抚乘客，使他们保持镇定，耐心等待救援，并通知专业人员前来救援。

4. 电梯困人的应急处理

当垂直电梯困人时，现场员工应保持镇定，应立即到梯前确认，采取喊话的方式确认垂直电梯内是否有乘客（人数、有无受伤等），将现场情况报告给车控室；安抚乘客，要求乘客保持镇定，告知乘客不得擅自采取行动，等候专业人员的救助。

（1）车站值班员操作流程　车站值班员得知情况后，立即通知值班站长，并与值班站长一同赶往现场；做好现场防护，禁止其他乘客操作该垂直电梯，并疏散围观乘客；报告维调、行调、信调，打 120（根据现场情况决定），并保持与现场的联系。

（2）车站值班站长操作流程　车站值班站长得知情况后，立即赶往现场；安抚困在垂直电梯内的乘客，以免事态扩大；等待专业人员，并协助专业人员进行救助；当被困人员被解救出后，对伤者进行救助；当被困人员没有受伤时，带到会议室处理。

二、AFC 终端设备的运用

城市轨道交通自动售检票（AFC）系统的终端设备安装在各车站的站厅，直接为乘客提供售检票服务，主要包括自动售票机（TVM）、半自动售票机（BOM）、自动检票机（AGM）、自动验票机（TCM）、自动充值机（AVM）等。

（一）自动售票机的运用

自动售票机（Ticket Vending Machine，TVM）设置在付费区，用于乘客自主购买单程票；在某些城市，自动售票机也可以用来对储值卡进行充值，如图 2-47 ~ 图 2-49 所示。

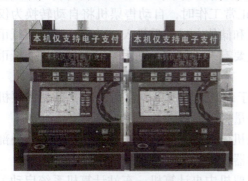

图 2-47　成都地铁自动售票机（不可充值）

图 2-48　成都地铁自动售票机（可充值）

图 2-49　成都地铁日次票自动售票机

扫一扫

自动售票机（TVM）简介

1. 自动售票机的功能

自动售票机的基本功能是通过乘客的自助式操作完成自动售票。乘客自助购票的基本过程包括购票选择、接收购票资金、自动出票并找零等过程，在必要时还可以打印购票凭证等。

2. 自动售票机运行状态及模式识别

自动售票机的运行模式主要有正常服务模式、停止服务模式、限制服务模式、维修模式和关闭服务模式五种。这些模式可以通过车站计算机（SC）下达参数设置，也可以根据自动售票机模块的状态而自动调整。在相应的工作模式时，运行状态显示屏和乘客显示器上会有明显的提示信息，工作人员或乘客可以根据乘客信息显示器上显示的字样判断运行模式。

（1）正常服务模式　在正常服务模式下，自动售票机具有完整的售票和找零功能，乘客信息显示器显示"正常服务"字样。

（2）停止服务模式　当自动售票机发生故障不能正常发售单程票或车站人为设置停止服务后，自动售票机会自动转换为停止服务模式，并将数据信息上传至车站计算机。乘客信息显示器和触摸屏会显示"暂停服务"字样。

（3）限制服务模式　当自动售票机内部各模块中的任一模块状态不良时，自动售票机可屏蔽这一模块提供的功能，自动进入限制服务模式。在限制服务模式下，自动售票机可以提供服务，但部分功能不能使用。主要包括仅收纸币模式、仅收硬币模式、不找零模式三个子模式，将会在乘客信息显示器显示相应的模式类型，工作人员要做好乘客的引导及解释工作。

① 仅收纸币模式。当硬币接收装置不能正常工作时，自动售票机将自动转换为仅收纸币模式，在此模式下，自动售票机只接收纸币和储值卡，硬币投入口关闭，不接收硬币。

② 仅收硬币模式。当纸币接收装置不能正常工作时，自动售票机将自动转换为仅收硬币模式，在此模式下，自动售票机只接收硬币和储值卡，纸币投入口关闭，不接收纸币。一般来说，纸币接收装置不能正常工作的原因主要有纸币箱满、纸币箱没有安装好、纸币模块发生故障。

③ 不找零模式。当找零装置中的钱币低于系统设置的最少存币值时，自动售票机能自动转换为不找零模式。纸币和硬币的最少存币量可以通过参数设置。

（4）维修模式　在维修模式下，自动售票机停止售票服务。维修模式可以通过内部维护面板或移动维护终端进行设置，乘客信息显示器显示"系统维护中"字样。

（5）关闭服务模式　当运营结束或自动售票机中央计算机、车站计算机系统启动关闭运行模式指令时，自动售票机自动转换为关闭服务模式。在关闭服务模式下，自动售票机停止发售单程票，并进入节能状态，但仍保持与车站计算机的通信连接状态。

3. 自动售票机开、关机流程

（1）开机　用钥匙打开自动售票机维修门，首先开启漏电保护开关，再打开UPS后备电源，然后打开电源开关盒，最后打开主控单元（工控机），启动操作系统，自动售票机的应用程序将会自动启动。在启动过程中会对每个模块进行自检，如某一模块有故障，在自检完成后会在后台维护终端上显示出来，此时可对故障模块进行维护或下一步操作。

（2）关机　正确打开自动售票机的维修门，登录维护面板，输入关闭售票机命令。稍等几分钟后，按照与开机相反的顺序，先关闭电源开关盒，再关闭UPS，然后关闭漏电保护开关，切断机器的交流电输入，再锁上后维修门。

4. 自动售票机的常见故障处理

设备运行过程中可能会出现故障，自动售票机常见故障的处理方法见表2-4。

表 2-4 自动售票机常见故障的处理方法

序号	故障名称	故障现象	处理方法
1	暂停服务	乘客显示器显示"暂停服务"	①检查单程票箱是否有票,如无,需补票 ②用维修面板检查当前服务模式,若为停止状态,将其设置为开始 ③若仍不正常,联系专业维修人员
2	死机	不能选择目的车站	①打开维修门登录后重置所有模块,若无效,则重启自动售票机 ②若仍不正常,联系专业维修人员
3	触摸屏反应不灵敏	选择目的车站时反应迟钝	①清洁触摸屏表面 ②若仍不正常,联系专业维修人员
4	卡票(卡票的原因多是单程票边缘变形、变厚导致)	机器自动进入"暂停服务"	①查看单程票通道,将卡住的单程票取出,并用维修面板重置发售模块 ②若无效,需重启自动售票机 ③若仍不正常,联系专业维修人员
5	卡硬币(卡硬币的原因多是硬币边缘变形、粘有胶带等物导致)	不接收硬币	①查看硬币通道,将卡住的硬币取出,并用维修面板重置硬币模块 ②若无效,需重启自动售票机 ③若仍不正常,联系专业维修人员

(二)半自动售票机的运用

1. 半自动售票机的功能

半自动售票机(Booking Office Machine,BOM)是自动售检票系统中业务功能较齐全的终端设备,安装在售票厅或车站的客服中心内,由车站售票员操作,负责为付费区和非付费区的乘客提供票卡发售、充值、退票、卡内信息资料更新、查询、挂失、票卡异常处理、密码设置等票务处理功能。

半自动售/补票机(BOM)操作方法

2. 半自动售票机的运行状态及模式识别

(1)人工售票模式 设于非付费区,可以发售除出站票以外的各种车票,并可以进行乘客票务处理以及其他相关服务。

(2)人工补票模式 设于付费区,只允许发售出站票,用于无票乘客出站补票、补费用,其他车票不能发售。此外还支持车票更新。

(3)人工售补票模式 人工售补票模式是人工售票模式和人工补票模式功能的总和。

3. 半自动售票机的常见故障处理

设备运行过程中可能会出现故障,半自动售票机常见故障的处理方法见表 2-5。

表 2-5 半自动售票机常见故障的处理方法

序号	故障现象	原因分析	处理方法
1	无法正常充值	储值卡读卡器没有正确连接	正确连接储值卡读卡器
2	屏幕显示"网络连接失败"	由于网络出现故障造成的	①请检查半自动售票机和服务器之间的网络连接是否正常 ②请检查系统服务器软件是否正常运行
3	乘客显示器没有显示	可能是由于乘客显示器电源没有打开或者连接错误	打开乘客显示器电源或者检查线缆连接

(续)

序号	故障现象	原因分析	处理方法
4	不能打印凭条	可能是由于打印机电源没有打开或者打印纸已经用尽	检查打印机电源或者正确安装打印纸
5	无法发售单程票	单程票发售模块内没有放入车票或者票箱没有正确安装	①放入发售用车票 ②正确安装票箱
6	启动后显示"暂停服务",不能进入工作状态	可能是由于维修门没有关上	检查维修门并将维修门全部关紧上锁
7	打印的凭条没有内容	打印机色带没有安装或者已经用尽	正确安装色带或更换色带
8	启动后操作员显示器没有显示	半自动售票机内部工控机没有开机或显示器处于关闭状态	打开工控机电源或打开显示器电源

（三）自动检票机的运用

自动检票机（Automatic Gate，AG）简称为闸机，安装在付费区与非付费区的分界处，用于完成对乘客所持票卡的自动检票操作，且能自动计算车费并扣款，如图2-50所示。

图2-50　成都地铁西博城站出站闸机

扫一扫

闸机（AG）简介

1. 闸机的功能

闸机通过读取和验证票卡来控制闸机的开合，从而达到控制乘客进出站的目的。在乘客进入或离开付费区时，闸机对乘客的票卡有效性进行检查和判断。持有效票卡的乘客正常通过，对持无效票卡的乘客，闸机会发出声光报警。乘客通过闸机进入非付费区时，单程票由闸机收回，储值票扣除当次乘车费用。一般来说，闸机的设计符合右手持票的习惯。

2. 闸机的分类

（1）按闸门结构的不同分类　按闸门结构的不同，闸机可分为三杆式闸机（图2-51）、扇门式闸机（图2-52）和拍打式闸机（图2-53）三种。三者的主要区别在于通道阻挡装置不同。

（2）按功能不同分类　按功能不同，闸机可分为进站闸机（图2-54）、出站闸机（图2-55）、双向闸机三种。

图2-51　三杆式闸机

项目二　城市轨道交通车站导流设备设施运用

图 2-52　扇门式闸机

图 2-53　拍打式闸机

图 2-54　进站闸机

图 2-55　出站闸机

（3）按闸门规格不同分类　按闸门规格不同，闸机可分为普通通道闸机、宽通道闸机，宽通道闸机主要用于残疾轮椅乘客或大件行李乘客的通行，如图 2-56 所示。

3. 闸机常见的故障处理

在设备出现故障报警或无法正常工作时，作为车站工作人员需要及时处理，排除设备简单故障；如无法排除，则需上报，由专业的维修人员进行处理，闸机常见故障的处理方法见表 2-6。

图 2-56　宽通道和普通通道闸机

表 2-6　闸机常见故障的处理方法

序号	故障现象	原因分析	处理方法
1	启动后亮起警告灯	有传感器被遮挡	启动设备后，机器内部逻辑会对传感器进行测试，如果测试失败会亮起红灯，这种问题一般是传感器的透窗被灰尘或异物遮挡所致，清洁传感器并重新启动设备
2	屏幕显示"网络连接失败"	网络出现故障	检查闸机和服务器之间的网络连接是否正常，检查系统服务器软件是否正常运行
3	启动后显示"暂停服务"，不能进入工作状态	维修门没有关上或者维护面板未注销	检查维修门并将维修门全部关紧并上锁，检查维护面板是否注销

（四）新型支付方式在终端中的运用——人脸识别技术

随着"互联网+"的应用和手机移动支付的发展，新型支付方式也被广泛应用于城市轨道交通运营线路。AFC系统的发展融合了互联网技术，其购票方式的变化是一大显著标志。可以用微信、支付宝吸引更多乘客绿色出行，手机NFC支付和手机二维码支付等支付方式已经成为当前的主流方式，而如今随着科技的进步，更加新型的支付方式已悄然运用在了AFC的终端设备中。

人脸识别技术是一种利用人的脸部特征信息进行身份识别的技术，属于生物识别技术范畴，主要应用方向是身份识别。人脸识别技术有其不可忽视的特点：非接触，采集更易；非强制性，主动性更强；并发性，效率更高；"以貌取人"，符合视觉特性。

1. 自动售票设备上的运用

在售票设备上添加摄像头，进行支付时，进入摄像头可识别区域，系统通过设备的摄像头获取图像，通过人脸检测算法，从图像中分割出人脸图像信息，然后传输到云端服务器进行人脸识别处理。前端设备最主要的任务是做人脸检测。

电子支付项目网络架构的设计保持各线路AFC系统和ACC（清分中心）网络不变，ACC清分系统通过防火墙、交换机，以专线方式分别接入银联和支付宝系统。通过这种方式，ACC服务器在业务上可实现与地铁线路自助售票机通信，对外访问银联、支付宝系统。电子支付平台由两台负载均衡设备及若干台业务服务器组成，其中负载均衡设备可减轻单台服务器的处理压力，使各服务器均衡地处理业务，为运营提供更可靠的服务，如图2-57所示。

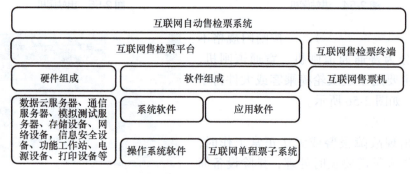

图2-57 人脸识别与AFC系统结合的系统架构框图

涉及人脸识别模块、闸机设备、线网ACC系统/线路控制中心系统（LC系统）/车站控制系统（SC系统）/半自动售票机系统及人脸识别服务平台系统等。

2. 人脸识别模块的主要功能

① 人脸识别模块识别人脸信息，并将识别结果反馈给闸机，如图2-58所示。
② 人脸识别模块管理本地的人脸信息库，并做检测到的人脸的建模、比对工作。
③ 人脸识别模块与闸机进行通信，接收闸机对模块的控制，接收人脸信息的更新。

3. 闸机设备的主要功能

① 闸机跟人脸识别模块之间的串口通信，用于发送模块控制命令、接收模块反馈给闸机的人脸识别结果。
② 闸机跟人脸识别模块之间的网口通信，用于闸机向人脸识别模块发送人脸信息，后者更新本地人脸信息库。
③ 闸机对串口报文的解析及业务处理。

图 2-58　人脸识别闸机

④ 实现与人脸识别服务平台的通信接口。

⑤ 实现对交易数据处理。

4. 清分中心 / LC / 车站计算机 / 半自动售票机的主要功能

① LC/ 车站计算机能远程控制人脸识别模块的开关功能。

② 清分中心 / LC / 车站计算机实现与闸机的通信，层层接收闸机上传的人脸识别过闸交易信息，并能够参照传统票务系统交易管理此类交易。

③ 半自动售票机能够对接收满足人脸识别检票业务人员的申请，并能新建人脸识别人员信息，并将结果反馈至人脸识别服务平台，验证成功后，由平台更新到其库中，并下发到全网人脸识别闸机。

5. 人脸识别服务平台系统的主要功能

① 实现与闸机之间通信接口，两者通过网口进行通信。

② 实现与公安系统之间的通信接口（预留）。

③ 实现人脸信息库的建立、更新和维护工作，并能将人脸信息库变化信息实时更新到线网所有人脸识别闸机。

6. 步骤及流程

根据人脸识别的技术原理和流程，用户在使用人脸识别系统前一般需要先注册，将人脸信息和具体的人建立绑定和对应关系。人脸识别技术应用于 AFC 系统同样要完成三步：先建立乘客人脸档案库，再通过闸机人脸采集摄像机进行人脸采集，最后进行人脸比对并输出结果，给予闸机和扣费系统工作指令，如图 2-59 所示。

图 2-59　步骤流程图

① 乘客首次注册，可通过手机 APP 程序或车站注册终端进行实名认证，通过采集人脸、绑定身份证号与金融 IC 卡等支付账号，实名信息上传至中心级人脸信息库，完成实名注册。乘客信息库汇聚乘客的实名制在 AFC 系统（出行轨迹）、CCTV 系统（出行轨迹）、安检系统（历史安检信息）、客服系统（乘客咨询信息）、门禁系统（门禁授权信息）等系统中

的应用数据，同时汇聚公安部门提供的乘客部分公民数据。乘客信息库系统可与公安实名制比对系统联网进行实名制信息核实，以确认乘客实名制信息的真实性。

② 乘客首次进入地铁站区域，通过人脸信息预处理装置，采集乘客的人脸信息，站级服务器将从中央级服务器加载特定的乘客人脸信息。

③ 乘客通过人脸识别进闸机，闸机识别乘客，提取乘客人脸信息，按优先级与车站级人脸库—中央级人脸库进行比对，人脸核验成功，则予以放行。相应的乘客过闸进站信息上传至自动售检票清分系统。

④ 乘客出闸前，人脸信息预处理装置通知出闸车站的站级人脸识别服务器从中央服务器加载人脸信息。人脸识别出闸机检验乘客人脸信息，若校验成功，则予以放行。相应的乘客过闸出站信息上传至 AFC 清分系统，清分系统从该乘客的关联账户上扣取乘车费。

⑤ 相关过闸信息反馈至乘客信息库。首先，可积累大数据分析的数据基础，可为后续企业数据挖掘、优化提升服务提供决策依据。其次，与城市轨道交通安防系统、公安系统共享数据，为事件回溯、抓逃等提供数据支持。

⑥ 线网乘客信息库数据按需定期更新，使车站现场及时调用相关数据，对客流组织、人员黑名单实现动态管理，同时相关数据更新到乘客手机 APP 端。

创新能力培养：互联网+支付方式的变革——票卡虚拟化

随着智能手机的普及以及生物识别技术的发展，在票卡形式方面，车票不再是传统意义上的实体卡片，它演变为乘客乘坐城市轨道交通的虚拟凭证，如手机二维码、手机蓝牙、人体生物特征（如人脸、掌/指静脉、虹膜等）等。目前，城市轨道交通采用互联网支付方式过闸的乘客比例正逐步提高，据统计，目前已有 17 座城市地铁互联网过闸客运量占比达到 40% 以上，有些城市甚至超过 60%。

另外，各大城市正在对生物识别过闸进一步深入挖掘，其中，人脸识别技术已在北京、济南、深圳、郑州、天津等城市地铁 AFC 系统中应用，在福州、南宁、上海、合肥、贵阳、南京、广州等城市地铁 AFC 系统进行试点或试验。其他的新型识别技术也陆续上线，比如南宁地铁采用全态识别技术，福州地铁采用虹膜识别技术。在已经上线的生物识别技术试点案例中，广州地铁 APM 线广州塔站试点应用基于人脸生物特征识别的无感支付技术，已经运营 4 个月，注册量约 1.5 万人，日使用约 100 人次，票务异常 3 笔，异常率约万分之一，广州地铁通过此试点研究将在全线网应用生物特征识别技术（例如人脸识别技术）及非生物特征识别技术（例如射频识别及近距离蓝牙技术），结合乘客"画像"信息库，逐步将虚拟化票种向"无感支付"的无票卡化转变，实现乘客进出闸无感支付。

2019 年 3 月，深圳地铁在福田交通枢纽"5G+AI"体验区设置了基于生物识别+信用支付的"无感乘车"闸机，让乘客刷脸进出站的无感通行，如图 2-60 所示。2019 年 9 月，深圳地铁 11 号线上线人脸识别边门闸机，年满 60 周岁及以上的老人、残疾人等人士可使用边门闸机免费乘坐深圳地铁，该刷脸乘车服务基于人工智能技术，采用双目活体检测功能，老人只要通过智慧客服系统进行人脸注册成功后，即可通过人脸、指静脉、身份证等多模式组合验证实现刷脸过闸，人脸验证最快仅需 0.3s，如图 2-61 所示。

图 2-60 "无感乘车"闸机　　　　　图 2-61 智能生物识别边门闸机

三、导流辅助设施运用

导流辅助设施主要有导流带、警戒带、活动围栏(铁马)、固定围栏、临时公告和临时导向等。

① 在进行日常导流围栏组织时,应着重关注围栏末端。通常围栏末端拥挤状况较为严重,对围栏的冲击较大,也易造成乘客伤害等问题。因此要组织乘客有序排队,当乘客较多时,应使用导流带或警戒带等设施延长导流围栏,使乘客能够在围栏中排队等候。此外,在围栏拐角、变窄等位置,同样需要注意,避免拥挤造成不良后果。

② 导流围栏通常较长,疏散门至关重要。当围栏内出现各种特殊状况时,应先稳定乘客情绪,使其保持冷静,并在第一时间打开疏散门,引导乘客有序疏散,如图 2-62 所示。

图 2-62 地铁车站内为客流分流设置的活动围栏、临时导向

四、车站设备、设施通过能力分析

车站是乘客相对集中的地方,所以必须使客流有序地进站、出站。为了保证乘客在站内顺畅通行,车站在布置设备、设施时,应按照客流高峰时所需的各种面积规定及楼梯、通道等宽度要求,以避免人为地造成一些本可避免的拥挤事件发生。车站各部位最大理论通过能力见表 2-7。

表2-7 车站各部位最大理论通过能力

部位名称			每小时通过人数/人
1m宽楼梯	下行		4200
	上行		3700
	双向混行		3200
1m宽通道	单向		5000
	双向混行		4000
1m宽自动扶梯	输送速度0.5m/s		8100
	输送速度0.65m/s		≤9600
人工售票口			1200
自动售票口			300
人工检票口			2600
闸机	三杆式	磁卡	1500
		非接触IC卡	1800
	扇门式、拍打式	磁卡	1800
		非接触IC卡	2100

项目三

城市轨道交通车站日常运作

学习导入

随着我国城市化进程的稳步推进，城市轨道交通在公共交通系统中的地位与作用越来越重要，逐步成为城市公共交通的骨干。发展高层次、多样化、大运量的城市轨道交通系统是促进城市交通与经济社会、环境协调发展的有效方法。城市轨道交通车站日常运作内容有哪些？为加强车站基础管理、运营生产管理、规范车站管理水平及员工作业标准，车站各岗位有哪些职责及工作标准？车站的管理权限和基础管理工作有哪些呢？本项目将解决这些问题。

任务一 城市轨道交通车站岗位职责及工作标准

任务目标

1. 掌握车站组织构架和岗位职责。
2. 熟悉车站岗位的工作流程及工作标准。

知识课堂

城市轨道交通车站实行车站层级管理，不同层级的人员各司其职、分工协作。因不同的轨道交通运营公司的车站组织结构设置各不相同，下面以成都地铁运营公司为例，说明车站的组织构架以及各岗位的职责和工作流程。

一、车站组织架构及岗位职责

1. 车站的组织架构

正常情况下各车站管理实行层级负责制，管理框架如图 3-1 所示。

2. 站区长岗位职责

① 代表公司在所管辖范围行使属地管理权，组织站区员工进行客运组织、行车组织、

施工组织和票务组织等。

② 为站区安全生产第一负责人，全面负责站区安全生产工作。贯彻落实国家、省、市关于安全生产工作各项方针、政策、法律、法规和集团公司、运营公司、分公司、站区各类安全规章制度。

③ 全面负责站区各项行政管理，严格执行规章制度和上级指示，制订工作计划，合理安排资源，落实各项工作。

④ 按照企业持续发展的要求，制订、完善站区人事、考评、培训、会议、岗位标准、交接班等制度，提高站区管理水平。

⑤ 负责站区队伍建设，对站区员工有岗位调整权、监督考核权、晋升推荐权，对车站进行绩效管理。

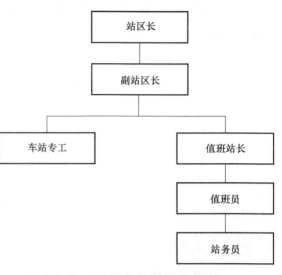

图3-1　成都地铁车站层级管理框架

⑥ 负责指导、审核、检查副站区长、车站专工的工作落实情况，并提出改进要求。

⑦ 负责站区的安全生产工作，建立站区安全网络，落实治安、消防工作要求，定期进行安全教育和安全检查，落实安全隐患的整改。与地铁公安、安检、保安、保洁等驻站单位保持联系，定期召开综合治理会议，确保与各单位合作顺畅。

⑧ 负责站区的客运服务工作，规范车站票务运作，优化客运组织，提高员工服务技能和技巧，为乘客提供优质服务。

⑨ 负责站区员工的培训工作。针对员工工作需求，根据上级要求和本站情况组织员工进行业务培训，定期对培训方式和培训效果进行检查，提高站区的培训工作质量和员工业务技能。

⑩ 完成上级布置的其他工作。

3. 副站区长岗位职责

① 协助站区长开展工作，代表公司在所管辖范围行使属地管理权，组织站区员工开展车站运作。

② 协助站区长负责站区安全生产工作及贯彻落实国家、省、市关于安全生产工作各项方针、政策、法律、法规和集团公司、运营公司、分公司、站区各类安全规章制度。

③ 协助站区长指导车站专工工作；协助站区长制订、完善人事、考评、培训、会议、检查、岗位标准、交接班等制度，协助站区长开展安全生产、客运服务、综合管理等其中部分业务模块工作。

④ 根据上级工作计划，合理安排人力资源，根据各项生产任务制订相应的工作计划，定期落实并跟进各项计划的完成情况。

⑤ 针对员工业务水平，制订相应的培训计划并开展培训，定期对培训计划的执行情况和培训效果进行检查。

⑥ 对公司文本规章的贯彻执行负责，并根据实际情况修改文本规章，及时组织员工学习和贯彻相关文本规章的执行。

⑦ 负责站区的客运服务工作，规范车站票务运作，优化客运组织，提高员工服务技能

和技巧，为乘客提供优质服务。

⑧ 负责辖区内车站的日常管理，做好分管班组工作的检查、指导和考核工作，公正、公平、公开地评价员工。

⑨ 负责分管车站班组建设和管理工作，掌握员工思想动态，确保员工队伍稳定。

⑩ 完成上级布置的其他工作。

4. 车站专工岗位职责

① 协助（副）站区长开展管理工作。代表公司在所管辖范围行使属地管理权，组织辖区员工开展车站运作。

② 协助（副）站区长分管站区培训、人力、基础、党群等部分综合管理工作，并协助安全生产、客运服务中的一个模块工作。

③ 根据上级工作计划，牵头制订、监督落实各模块工作计划，定期总结模块工作完成情况，提出改进措施和工作设想，提高模块管理水平。

④ 负责合理安排所驻车站人力资源，制订所属车站班表，从工时、排班等方面实现人力资源利用的精简、高效。

⑤ 负责所驻车站员工的思想动态跟踪、党群管理、工会小组管理等工作；指导、审核、检查所驻车站值班站长的工作落实情况，并提出改进要求。

⑥ 协助站区长管理所驻车站员工的"两纪一化"，定期通过跟岗、夜班工作检查、低峰期巡查等方式开展监督检查，提高"两纪一化"执行质量。

⑦ 参加站区、所驻车站交接班会，跟进和落实相关工作。

⑧ 完成上级布置的其他工作。

5. 值班站长岗位职责

① 服从（副）站区长指导，组织本班员工开展工作，对本班工作全面负责。

② 负责对本班站务员的管理，对值班员、站务员工作进行监督、指导、考核、教育，掌握员工的思想状况。

③ 负责对保洁、安检、保安、商业人员、施工人员等驻站人员进行属地管理。

④ 负责本班运营组织工作，服从线网指挥中心调度指挥，执行相关命令。

⑤ 具体负责本班安全工作。严格执行各项规章制度，加强对治安、消防、应急预案的演练，同时与地铁公安协作，共同搞好车站综合治理工作。

⑥ 具体负责本班服务工作。指导车站员工的工作，处理乘客事务，为乘客提供优质服务。

⑦ 具体负责本班票务工作，严格执行票务规章制度，确保本班票务运作顺畅，无客运值班员车站，兼任客运值班员岗位。

⑧ 对事故发生后的处理工作负责。车站值班站长作为发生险情时现场应急处置的现场指挥，在未进行指挥权交接前，负责责任区域现场抢险救援和应急处置工作的统一指挥，及时采取措施，控制局面，减少人员伤亡及财产损失，尽快恢复运营。

⑨ 及时按程序向（副）站区长、上级部门汇报生产信息和运作情况。

⑩ 对本班值班员、站务员的岗位业务技能培训工作负责。

⑪ 巡视、检查本班工作中的各项设备、设施状况，发现故障及异常情况及时处理和报告。

⑫ 负责本班台账的填写及相关数据的收集。

⑬ 对所保管的钥匙、备品和门禁卡等负责。

⑭ 负责本班文件处理,并组织员工学习。
⑮ 对分管工作负责,按规定开展分管的各项工作,定期总结、汇报。
⑯ 有责任向车站提出本人的建议和意见。
⑰ 对本站员工的奖罚、岗位调整、晋升有建议权。
⑱ 落实和执行公司规章制度。
⑲ 完成上级布置的其他工作。

6. 行车值班员岗位职责

① 在值班站长的领导下开展工作,并对当班站务员的工作进行监督指导。
② 主动向值班站长汇报本班设备、设施运作情况和各岗位工作情况。
③ 有责任向本班组、站区和上级部门提出建议和意见。
④ 落实和执行公司规章制度。
⑤ 行车值班员岗位还需负责以下工作:
a. 对本班行车组织工作负责,按有关规定操作和监控行车设备。
b. 对当班行车组织、施工登记及施工安全等工作负全面责任。
c. 负责监控本班工作中的各项设备、设施状况,发现故障及异常情况及时按有关程序处理。
d. 负责掌握本站客流情况、乘客动态,处理乘客事务,做好广播服务。
e. 负责安排和监督各岗位按岗位流程工作,协调各岗位工作。
f. 如发生异常情况,及时按有关预案处理和上报。
g. 对所保管的钥匙、备品、门禁卡和台账等负责。
h. 负责记录本班重要情况、交接班事项和其他按要求需要记录的内容。

7. 客运值班员岗位职责

① 对本班的票务管理工作负责。严格按票务规章开展票务工作。
② 负责安排并监督站务员的票务工作。
③ 负责处理当班与乘客相关的票务事务及服务事务。
④ 对所保管的钥匙、备品和台账等负责。
⑤ 完成上级布置的其他工作。

8. 站务员岗位职责

站务员安排在售票岗、站厅巡视岗、站台巡视岗等,车站根据实际需要,经上级部门同意,可安排扶梯岗、引导岗等。

站务员岗位
职责介绍

(1) 售票岗职责
① 负责当班票务中心(客服中心)的售票工作。
② 处理与乘客相关的票务事务。
③ 对填写的票务报表和当日票款收益负责。
④ 对本班票务中心(客服中心)内的卫生工作及安全工作负责。负责本班票务中心内的设备、备品的管理,票务中心门窗随时处于锁闭状态。
⑤ 兼任厅巡员或站台岗的必须履行的相应岗位职责。
⑥ 完成上级布置的其他票务工作。

(2) 站厅巡视岗职责
① 巡视站厅、出入口。巡视事项包括:消火栓、灭火器箱、电气设备状态、可疑物品

等安全事项及乘客服务事项，广播、告示、灯箱、闸机、灯管、扶梯、自动售票机、PIS、各种贴纸、告示、玻璃栏杆（是否松动）等服务设备设施。不断巡视站厅设备、扶梯的运行情况、乘客进出站情况等，及时主动向有需要的乘客提供服务。

② 帮助乘客，回答乘客询问，解决乘客问题。及时处理乘客事务，帮助引导车票有问题的乘客到票务中心（客服中心）。

③ 积极疏导乘客，要特别注意突发暴风雨等特殊情况时，乘客拥向出入口，堵塞通道等特殊情况。

④ 及时向值班站长、值班员报告异常情况和问题。

⑤ 制止并处理乘客违反《成都市城市轨道交通管理条例》《成都市城市轨道交通乘客守则》的行为，阻止乘客携带三品，长、宽、高之和超过 1.8m 或长度超过 1.6m 的物品，导盲犬之外的其他动物进站乘车。

⑥ 有特殊乘客进站及时通知有关岗位，对老年乘客、小孩、行动不便者或携带大件行李者要指引其走垂直电梯，必要时提供帮助，以避免客伤事件发生。

⑦ 及时向值班站长汇报票务中心（客服中心）和自动售票机前乘客排队人数，以便值班站长决策。

⑧ 积极引导进站乘客到乘客较少的票务中心（客服中心）、自动售票机、闸机等处购票，进/出站。

⑨ 负责监督工作区域内卫生情况，发现问题，立即整改；负责出闸机票筒的更换工作，协助进行更换钱箱、清点钱箱的工作。

⑩ 遇自动售票机、闸机故障，扶梯异常的情况要及时摆放暂停牌，并及时向车控室报告；负责站厅边门的管理，按规定给乘客开边门。

（3）站台巡视岗职责

① 巡视内容包括：消防设备、设施的状态，确认消火栓、灭火器箱上的封条是否完好，对于破封的要检查里面的设备是否齐全、完好；检查站台门的状态，包括站台门上的顶箱前盖板是否锁闭，站台门和端墙门是否正常关闭等；上、下行尾端的缝隙灯状态是否良好；扶梯运行是否正常，包括扶梯有无异响，梯级上有无异物（有异物时及时清理）等；站台其他设备、设施的状态，如扶梯处栏杆、站台候车椅、灯管等的状态是否良好；检查站台备品间内的所有设备、设施的状态是否良好，有无缺少。

② 负责按站台接发列车标准接发列车，监视列车运行状态、候车乘客动态、乘客上下车的状态，处理在接发列车过程中发生的突发事件（如站台门未关好、车门/站台门夹人夹物等）。

③ 巡视站台时需留意站台乘客的候车动态，及时提醒特殊乘客注意安全（如对不便乘坐扶梯的乘客提醒其走楼梯或观光梯），提醒乘客不要倚靠站台门。

④ 巡视时发现携带违反地铁管理规定物品的乘客，要及时劝其改乘其他交通工具，并及时报车控室。

⑤ 对站台乘客候车秩序负责，引导乘客到人较少的地方候车，主动引导乘客按地面箭头指示排队候车，先下后上，引导乘轮椅的乘客到轮椅乘车位对应的站台门处上车。

⑥ 对站台卫生和安全负责，确保站台门及以内区域安全。及时提醒乘客注意安全（如对不便乘坐扶梯或携带大件行李的乘客提醒其走楼梯，提醒乘客乘坐扶梯时要站好扶稳，提醒乘客不要倚靠站台门），发现异常情况及时处理。

⑦ 处理各种紧急情况（具体按有关预案处理）。

⑧ 制止并处理乘客违反《成都市城市轨道交通管理条例》《成都市城市轨道交通乘客守则》的行为。

⑨ 负责列车折返时的清客工作。

⑩ 对端门安全负责，在接发列车间隙，查验巡检人员证件与车控室核对无误后开端门，并确保端门正常关闭。

（4）扶梯岗职责

① 引导搭乘扶梯的乘客"站稳扶好，注意安全"。

② 对不便乘坐扶梯的乘客提醒其走楼梯或观光梯，防止乘客携带大件物品搭乘扶梯。

③ 密切关注扶梯的运行情况，当乘客较多，可能出现堵塞等紧急情况时，及时采取措施（如紧急停梯），并上报车控室。

④ 当出现扶梯客伤时，及时按停扶梯，按客伤程序处理。

特色亮点：爱岗敬业的精神

春节将至，在这个阖家团圆、其乐融融的日子里，有这样一群人，他们为了确保春节期间成都地铁生产安全平稳地过渡，为了保证成都市民乘客的正常出行，放弃与家人团聚、探亲访友、休闲娱乐的机会，选择坚守岗位，毫无怨言。这样一群爱岗敬业的楷模就是"成都地铁人"。

爱岗敬业是对轨道交通从业人员工作态度的一种普遍要求。爱岗和敬业，两者相互联系、相互促进。同学们要充分地认识到自己从事职业的社会价值，认识到职业没有高低贵贱之分，"360行，行行出状元"。那如何做一个爱岗敬业的职业工作者呢？第一要重业，要认识自己的职业价值，这是爱岗敬业的思想前提；第二要乐业，要从内心热爱并热心于自己所从事的职业和岗位，把做好工作当作最快乐的事，这是爱岗敬业的情感基础；第三要勤业，要忠实地履行自己的岗位职责，勤恳地、积极主动地做好自己的本职工作，这是爱岗敬业的具体表现；第四要精业，要不断钻研自己的工作业务，精益求精，开拓创新，不断提高工作质量和业务水平，这是爱岗敬业的必然要求。

二、车站岗位的工作流程及工作标准

（一）车站交接班管理

1. 车站接班会总体要求

每个班组在交接班后开车站接班会，会议时间控制在15min以内。会议在车控室防火观察窗外站厅前开展，由接班值班站长主持。会议参加人员包括所有接班员工以及当班的保安、保洁与安检人员。接班会会议的内容如下：

① 参加接班会的员工立岗，值班站长检查员工的仪容仪表。

② 站务部相关会议精神的传达。

③ 重要文件、通知的传达。

④ 运营信息的传达。

⑤ 按照分公司和站务中心下发的月度安全培训计划，进行班前安全培训、安全提问，

班组人员签字确认。

⑥ 对于无法参加接班会的员工，必须及时传达接班会会议精神。

2. 交接班制度

（1）值班站长交接制度

① 接班值班站长提前 30min 到站，由交班值班站长按照"车站交接记录表"内容逐项进行交接。

② 对车站当值期间所发生的设备运行情况、行车作业情况、人员管理、通知通报、客服情况、物资情况、施工情况以及上级检查情况等进行交接。

③ 对于当班期间新的传阅文件，交接时不得有任何遗漏。

④ 对当班期间的各种工作完成的进度及完成情况进行交接。

⑤ 对行车设备、办公设备和服务设备进行检查交接。

⑥ 对办公区各个办公室的卫生情况进行检查。

⑦ 对外委项目跟踪情况进行交接。

⑧ 对车站施工情况、钥匙等进行交接。

客运值班员的 24 小时

（2）行车值班员交接制度

① 检查各行车通告执行情况和是否有临时性指示。

② 清点各种行车备品的数目及状态。

③ 交班值班员将当值期间所发生的任何与行车有关的事情进行交接，包括行车作业情况、列车晚点情况、故障及处理情况等。

（3）客运值班员交接制度

① 清点各种票务备品的数目及状态。

② 交班客运值班员根据记录将当值期间所发生的任何与票务有关的事情进行交接，包括设备故障、问题票处理、各种报表的领取/上交、各种车票的领取/上交、支票的收取情况、票务及财务的新规定等。

③ 接班客运值班员与交班客运值班员在票务室核对车站备用金、库存车票、问题票、车站 AFC 钥匙及相关报表等，并给接班站务员领取备用金及预制车票以备上岗使用。

④ 交班客运值班员交接当班期间领导临时交代的工作任务及完成情况。

⑤ 检查 AFC 设备的运行情况，尤其是当设备出现故障时应认真交接设备处理情况、上报情况，不得有任何遗漏。

⑥ 参加值班站长组织的交班会，汇报工作情况。

⑦ 听取值班站长布置的其他非当班工作任务或活动通知。

（4）站务员交接制度

① 按规定时间到达车站。

② 按规定标准统一着装，参加班前会。

③ 认真听取值班站长的重点指示和要求。

④ 检查交接所涉及的各种设备，与交岗人员进行对口交接，交接的项目和内容要相互签字。

⑤ 售票员参加班前会后，到票务室向客运值班员领取备用金、车票及相关备品。

⑥ 交班售票员退出系统，收取票款后回票务室在客运值班员的监督下对票款进行结算，并填写相关报表。接班售票员登录系统，放好备用金进行售票工作。

⑦ 参加值班站长组织的交接班会，汇报工作情况。
⑧ 领取值班站长布置的其他工作任务或活动通知。

（二）售检票作业

1. 人工售检票

（1）售票作业 　售票作业既要有较快的售票速度，又要求票款不出差错，还要求售票员随时、耐心解答乘客的询问。售票员应按票号顺序出售车票，在售票中执行"一收、二唱、三操作、四找零"的作业程序。售票员必须离开岗位时，应与指定专人办理交接手续。与售票作业无关人员不得进入售票室。售票员的票务违章分为票务差错、票务事故和票务贪污三种情形。

车站应根据客流情况开足售票窗口。遇有大客流集中到达，应指定专人维持售票处秩序，并增加开设售票窗口。当遇到列车运行秩序紊乱等特殊情况时，车站应按行调的调度命令进行售票。停止出售当日车票，必须要有调度命令。一般情况下不办理退票，当遇特殊情况需要退票时，应得到站长同意。退回的车票不得再出售，在退回的车票背面应加盖退票戳记、进行登记后上缴。

售票员应严格执行票务有关规章制度，在车票与票款的管理上，应做到不丢失、无差错，日清、月结、账款相符。如车票遗失、票款缺少，有关责任人应赔偿。

（2）检票作业 　在检票过程中应执行"一看、二撕、三放行"的作业程序，认真核对车票的日期、车站等，防止无票乘车，使用废票、伪票与无效证件乘车。认真做好票卡分析和补票工作。严禁以售代检和收存有效车票。在客流量较大时，应积极疏导乘客，组织乘客有秩序地进站乘车。

2. 自动售检票

自动售票机和闸机能自动完成售检票作业。但车站还配置了半自动售票机，需要配备售票员。此外，每一个收费区还应配备一名票务员。售票员输入密码和识别码、登录半自动售票机，然后进行车票发售、车票分析和对车票进行更新等作业。收费区票务员作业的主要内容是车票分析、处理和补票以及指导乘客正确使用闸机等。

> **特色亮点：诚实守信**
>
> 　　作为地铁公司的一名票务人员，诚实守信是处理地铁票务工作的一项最基本的行为规范。诚实就是要言行一致、表里如一，不弄虚作假；守信就是要言而有信，一诺千金，不背信违约。在轨道交通行业中，诚实守信具有十分重要的意义。古人云："言而无信，行之不远"。诚信是轨道交通从业人员成功的基础。随着我国不断完善信用体制，任何信用缺失的行为都将付出沉重的代价。地铁公司中每个员工的信用，也代表着其所在组织的信用。如果地铁公司的信用因为员工个人的信用蒙受损失，将会带来个人无法挽回的结果。

（三）站台服务作业

站务员作业的主要内容是接送列车、组织乘降和站台管理。

1. 接送列车

在接送列车时，站务员应精神饱满、思想集中，站在指定位置面向列车，目送迎送，注意列车运行状态。遇有危及行车安全和乘客安全的险情，应立即采取有效措施并及时向车站值班员报告。在列车到发过程中，提醒乘客在安全线内候车、上车时注意安全，维持站台上的候车秩序。

2. 组织乘降

列车到达前，站务员应组织乘客尽可能在站台上均匀分布候车，以缩短列车停站时间。列车到达后，提醒乘客先下后上，对通过的列车，应及时广播通知候车乘客。列车到达终点站后，应及时做好清客工作，严禁列车带客进入折返线或车辆段。因特殊原因需在中间站清客时，应耐心做好解释工作，迅速清客。

3. 站台管理

加强站台巡视，防止乘客跳下站台或进入隧道。注意候车乘客动态及其携带物品，发现异常、可疑情况，或闲杂人员在站台上长时间停留，应及时与有关人员取得联系，并进行处理。与列车司机密切配合，防止车门夹人、夹物，或车门未关闭而列车起动等现象，保证乘客安全。当发生伤亡事故时，应保护现场、疏导乘客、做好取证，并协助清理现场。

（四）乘客投诉处理

1. 乘客投诉分类

按乘客投诉内容，可将乘客投诉分为对设施设备的投诉、对公司政策的投诉、对员工服务态度的投诉。按乘客投诉方式，可将乘客投诉分为来信投诉、电话投诉、口头投诉、媒体上投诉。按乘客投诉信息来做，可将乘客投诉分为本部接受的投诉和上级转发的投诉。

处理乘客投诉

2. 乘客投诉的处理原则

① 乘客投诉的调查处理工作要及时、客观、公正。

② 处理乘客投诉按"四不放过"的原则，即投诉原因分析不清不放过、责任人和其他员工没有受到教育不放过、没有制订防范整改措施不放过、责任人责任没有追究不放过。

3. 乘客投诉的处理流程

① 接到乘客投诉时，值班站长必须在 2min 内到达现场，如不能在规定时间内到达，要做好解释或安排客运值班员代为处理。

② 值班站长处理乘客投诉时应在"乘客意见表"和"投诉处理单"上做好记录，并让乘客签名确认。

③ 当事员工要做好事情经过的记录，由值班站长或站长签名确认。值班站长要做好车站的调查记录。

④ 对投诉的调查、跟踪、处理经过，车站要保留记录。

⑤ 当在服务热线或其他部门了解投诉情况时，必须由当班值班站长或站长回复（值班员不能回复）。回复内容只限于车站保存的相关记录内容，如提出的问题车站不清楚或未调查到，要在调查清楚后才回复，不能凭个人的臆测回复。

⑥ 填写"车站调查记录表"。具体事情经过由当事人填写，车站调查记录由值班站长或中心站站长填写。在第二天将事情经过和车站调查记录原件交站务部客运服务管理工程师，将复印件存放在车站。

⑦ 所有的乘客投诉必须在当天的运营日情况中进行反映。

⑧ 对于员工服务质量和态度的投诉必须要求当事人填写事情经过记录表。

> **特色亮点：品牌维护——妥善处理乘客投诉**
>
> 　　作为一名城市轨道交通行业中的职业人，品牌维护也是一项重要的职业道德。品牌也是一种错综复杂的象征，它是品牌的属性、名称、包装、价格、历史、声誉、广告风格的无形组合。城市轨道交通的成功运行也是居民幸福感的重要影响因素，所以每个城市轨道交通行业中的企业都蕴含着自身特有的品牌和企业文化，高质量的服务必将是每个城市轨道交通企业始终注重和倡导的职业道德。
>
> 　　乘客投诉是监督和提升服务行业水平的重要手段，是城市轨道交通企业提高运营服务质量，改进运营服务的工作水平，树立轨道交通品牌的重要环节。为了不断地改进运营服务工作，提高运营服务质量，切实维护轨道交通的品牌声誉，在面对乘客投诉时，轨道交通企业员工可通过认真聆听，耐心诚恳地妥善解决乘客的投诉问题。

（五）边门管理

1. 边门管理原则

　　免费乘车人群进站需经过安全检查，由安检员查验证件后开启边门进站，出站时由站务员查验证件并开边门放行，原则上未纳入安全检查闭环管理范围内的边门"只出不进"。

2. 边门放行要求

　　① 免费乘车人群需进出边门时，安检手检员根据要求查验证件后向安检小队长借用通行卡并报当班行车值班员（用语：车控室，现×名持××证件×级乘客需要通过边门），行车值班员同意后在《当班情况登记本》备注栏内做好记录后通知安检，安检手检员开启边门。

　　② 在未得到当班行车值班员同意时严禁私自为乘客开启边门，如安检员不能确认乘客是否满足免费乘车条件应立即通知值班站长到现场确认，由值班站长决定是否放行。

　　③ 无包的免费乘车人群仍需通过安检后到达边门处，若乘客强烈要求从安全检查闭环管理范围外的边门进入，站务员在不违反"进站乘客均需接受安全检查"的前提下，视情况灵活处理，做好解释工作。

3. 免费乘车规定

　　① 义务兵、革命伤残军人、伤残人民警察、残疾消防救援人员、盲人及其他重度残疾人等特殊人群凭相关有效证件可免费乘坐地铁。

　　② 持有《成都特级教师（校长）荣誉证》《中华人民共和国老干部离休荣誉证》的人员可免费乘坐地铁。

　　③ 盲人和其他重度残疾人（一、二级）持残疾人证免费乘坐地铁，随行的一名陪护人员可免费乘坐同车次列车；革命伤残军人、伤残人民警察（一至四级）随行的一名陪护人员可免费乘坐同车次列车。

　　④ 持港、澳、台地区残疾人证（无残疾等级区分）的乘客，一律按照我国大陆地区重度残疾人标准，允许其免费乘车，其随行的一名陪护人员可免费乘坐同车次列车。

　　⑤ 1名成年乘客可以免费携带1名身高不足1.3m的儿童乘车，超过1名的，按超过人数购票。

（六）乘客遗失物品

1. 车站遗失物品处置程序

　　① 车站员工或三保人员拾到失物后，交车站值班站长，车站及

扫一扫
如何寻找遗失在地铁的物品

时通过广播寻找失主。

② 值班站长与失物拾获者当面检查、核对失物，并详细填写《遗失物品交接 / 领取物品登记表》，注明失物数量及特征，双方确认签字。

③ 若在失物中找到乘客联系方式，车站及时通知乘客到车站车控室认领。

④ 若车站拾获易燃、易爆等违禁物品，需立即将该物品移交地铁公安或及时进行处理，并上报站长和安全专工。

2. 失物认领

① 若乘客到车站认领失物，由当班值班站长或以上级别人员接待乘客，请乘客提供失物遗失的具体时间、地点及失物的具体特征（颜色、物品名称 / 形状、涉及的数量、特点等）并出示有效证件，车站对照《车站遗失物品登记表》上的记录进行确认，若与乘客所反映的一致，确认其有效证件后与乘客办理失物交接、签收手续，请乘客签认。

② 若乘客到车站认领遗失现金，认领人需提供两项以上最能表现失物特征的证明，如钱包颜色或是钱包内其内容等，如特征相符，则由车站客运值班员及值班站长共同确认并办理乘客认领手续。

③ 若乘客拾获物品，主动将失物交予车站地铁公安或车站已转交地铁公安信（文）件等，失主到车站咨询时，车站工作人员告知乘客与车站地铁公安进行联系。

（七）运营期间轨行区拾物

1. 落轨异物不影响行车

① 车站工作人员接到有物品掉落轨行区时，及时询问是否影响行车，如果不影响行车，原则上运营时间车站不进行处理，待运营结束后拾取，通知乘客次日领取。

② 运营结束后，车站工作人员确认所有列车回段，行车值班员立即向行调申请进入轨行区拾物，避免施工人员进入轨行区将物品带走。

③ 值班站长与一名站务员携带服务记录仪下轨行区拾取物品。

2. 落轨异物影响行车

① 若落物是贵重物品或者乘客强烈要求立即拾回时，站台岗按要求上报。若物品影响行车，站台岗需马上按压紧停按钮或显示紧停信号暂停列车服务。

② 站台岗向行车值班员、值班站长报告该物品影响行车，需立刻处理。

③ 行车值班员上报行调，经批准后，按压车控室内紧急停车按钮，做好防护，通知站务员可以进行拾物处理。

④ 值班站长与一名站务员携带服务记录仪下轨行区拾取物品。

任务二　城市轨道交通车站基础管理

任务目标

掌握车站基础管理工作的内容。

> **知识课堂**

城市轨道交通车站作为直接向乘客提供运输服务的基本生产单元,需要严格和规范地管理。城市轨道交通车站通常有一套较为完整的排班制度、考勤制度、会议制度、"6S"管理制度、车控室管理制度、岗前评估管理制度等相关规定,以保障城市轨道交通车站客运组织工作的顺利开展。

一、车站排班考勤及考评管理

1. 车站排班考勤管理

城市轨道交通一旦投入运营,车站基本是24h作业,因此必须要按照工作的需要,对车站各岗位进行排班管理。车站的员工排班要满足各站的要求,每月工时不能少于地铁公司的规定,每月要确保员工休息时间符合地铁公司的规定。车站排班还要按车站的班制标准执行,不能擅自增加或减少岗位。

2. 调班管理

车站的员工会因为各种原因加班,因此会进行调班,原则上员工调班不得低岗顶高岗。

3. 车站考评管理

在车站的基础管理工作中,为了增强员工的安全生产意识,调动员工参与安全生产的积极性,维护正常的生产秩序,需要建立员工的绩效评价体系。一般车站以站区长为考评小组组长,根据相关方案,牵头完成年度、月度考评工作。月度考评内容包括站区管理工作测评、值班站长工作评估、员工月度绩效考评;年度考评内容包括工作业绩、工作态度、岗位技能等。

二、车站会议、文件传阅及档案管理

1. 车站会议管理

车站会议管理内容包括传达近期工作要点,总结运营情况,培训相关知识等,具体见表3-1。

表3-1 会议内容概括

会议种类	频率	参加人员	主要内容	会议组织要求
全站员工大会	每月一次	全体员工	上月工作总结、本月工作布置、重要信息传达、员工对车站管理提出合理化建议、讨论员工绩效考核、车站工作策略及需要解决的问题等	在全站会前、会后需值班站长层级召开车站月度例会,会议纪要需在3日内发布
专题会议	根据实际需要召开	按实际需要人员召开	如紧急会、安全事件分析会、票务事件分析会、服务投诉分析会、员工座谈会等	—
车站综合治理工作会议	每月一次	警务室负责人、商铺负责人、保洁班长、安检队长、保安队长等	协调各单位工作、了解各单位需求、传达重要通知、存在问题分析、本月工作重点等	会议纪要需在3日内发布,发综治小组成员;会议纪要需存档
车站交接班会	早班、中班、夜班各一次	交接班员工	前日运营情况及本日重点工作,传达近期工作重点、重要文件精神、总结本班工作情况,进行思想教育,培训相关知识	—

2. 车站文件传阅及档案管理

文件是城市轨道交通车站基础管理中涉及内容最多的一项，也是生产信息传递的重要形式，文件、规章是城市轨道交通车站基础管理的指挥棒。车站要求收到的文件需在五天内传阅完毕，休假的员工在上班后三天内签阅完毕，确保全体员工及时了解有关信息。

车站档案盒包括车控室档案盒和站长室档案盒。车控室档案盒主要分为安全管理类、消防管理类、客运管理类、属地化管理类；站长室档案盒主要分为基础管理、综治客伤管理、岗位实操评估、培训管理和考勤管理等。档案盒中规章制度必须及时更新，并相应更新档案盒目录；废止制度应及时清理，档案盒中不得存放过期、无效文件。

三、车站"6S"管理

城市轨道交通车站的"6S"是指整理、整顿、清洁、清扫、素养、安全。车站"6S"管理区域是车控室、站长室、会议室、站务室、更衣室、票务管理室、票务中心（客服中心）、备品库、设有班组宣传设施的通道、其他站务备用间。车站需依照"6S"管理的总体标准和要求制订分区域的"6S"管理实施方案，统一标准、标识，并遵照执行。车站还需制订"6S"管理实施细化方案，绘制各区域的物品摆放平面图。车站要确定规范各区域"6S"管理的责任人和职责，并建立健全监督机制和检查评估体系，确保责任到人。

四、车控室管理

车控室是车站监管、指挥车站运作的核心场所，车控室内集中了车站设备控制系统和行车指挥系统等重要设备，必须严格管理。在正常情况下，车控室的工作人员不能超过3人（除特殊情况外），做到文明办公。车控室内工作人员需按规定穿着，因工作原因进入车控室必须佩戴有效证件并说明原因，在征得车控室值班人员同意后方可进入，不可在车控室内做与工作无关的事情。进入车控室的人员禁止大声喧哗、吵闹，做到文明办公，不得影响行车工作，严禁擅自启动、操作任何设备设施。车控室外门必须处于常关闭状态，门禁需设为正常状态。

其他部门员工到车控室进行施工请销点作业或借用物品时，不可多人进入车控室，只派一人到车控室办理相关手续，其他人员在通道门外等候，施工工具不能携带进入车控室。外部施工人员（负责办理施工请销点的负责人除外）原则上不得进入车控室，负责施工请销点的人需要进入车控室，先要在车控室前对讲器请示车控室值班人员，由车控室值班人员同意后方可进入车控室。站务员或其他人员在车控室跟班学习，必须经当班值班站长同意。原则上，除了车控室值班人员，其他人员一般不得使用车控室电话（紧急事件除外），如需使用内线电话可到站长室或其他地方。车控室值班人员作为车控室的负责人，负责车控室的安全，要对进入车控室的人员做好监控，如发现违规，及时制止。

五、谈心谈话管理

1. 谈话时机

除进行每月固定谈话外，新提拔或工作变动的员工，离职的员工，因个人行为不当，违反规章制度等原因拟进行通报批评、行政处分等惩处的员工，员工个人或家庭遇到困难，月度绩效考评未达标的员工和员工年度绩效考评必须进行谈话。

2. 谈话分工及要求

谈话原则上采取一级抓一级、分级负责的办法。车站要划分谈心谈话包保责任区，建立谈心谈话包保架构，每月值班站长及以上人员每人负责的谈心谈话不少于2人次。访谈内容要结合实际，有针对性，访谈后有清晰的书面记录，并做好相关的保密工作。

六、备品备件管理

车站备品包含行车备品、房间钥匙及门禁卡、办公计算机、电冰箱、微波炉、饮水机、烧水炉等。备品需保证数量齐全、状态良好、放置有序、卫生整洁，使用时应保证安全、节约。

七、岗前评估管理

1. 评估对象

车站对调动员工、新聘任员工在上岗前应开展培训，经评估合格后方可安排其上岗。评估对象包括新晋升人员、调站人员、重新上岗人员［指已聘站务系列岗位，但因特殊原因（如产假、长期病假、借调等）离开本岗位一个月及以上，重新回到原岗位工作的员工］。由上级部门根据各岗位的业务特点和需求制订理论评估试卷。

2. 跟岗、评估标准及形式

① 新晋升人员。客运值班员及以上岗位需跟岗4个班（白班、夜班各2个），站务员岗位需跟岗2个班（售票、站台巡视各1个），跟岗期间各站需指定带教人员，由带教人员进行相关业务知识培训。

② 调站、轮岗人员。站务员岗位需跟岗1个班；值班员及以上岗位：非联锁站调往联锁站且担任行车值班员及以上岗位的需跟岗4个班（白班、夜班各2个），其他情况需跟岗2个班（白班、夜班各1个）。

③ 转岗、转线及复岗人员。转岗、转线及复岗员工的鉴定、评估工作按照地铁公司规定执行。

④ 实操技能评估合格标准。联锁站、有岔站和有防淹门车站行车值班员/值班站长岗位：常规项（共100分）90分合格，附加项需全部合格；其余岗位：90分合格。

⑤ 站务员岗位的评估由站区长指定的值班站长负责，值班员及值班站长岗位的评估由站区管理人员负责。

⑥ 地铁公司制订详细的《××岗位实操技能评估表》（以下简称《评估表》），评估人与被评估人均要亲自签名确认，评估合格后方可安排独立上岗。

⑦ 经评估不合格的员工不得安排独立上岗，需再安排一个周期跟岗学习。若再次评估仍未达合格标准的员工，上报上级部门研究处理结果。

3. 评估结束后工作

① 评估人填写《新上岗人员评估成绩登记表》（以下简称《成绩登记表》），如实反映员工技能概况、存在的不足和帮助措施。

② 由站区将评估情况向上级部门反馈。

③ 《评估表》和《成绩登记表》需在评估结束后三个工作日内交至站区保存、归档，车站（复印）留底一份，站区负责将理论和实操的评估成绩和试卷归整存档。

④ 地铁公司结合设备及功能变化、运作实际情况及时更新《评估表》，并报客运管理部备案。员工经评估合格后初次独立上岗，需安排业务较熟练的员工带教或搭配上岗，相互提醒监控，减少违章差错发生。安排未经评估合格的员工上岗的，发生事故/事件时，追究地铁公司管理责任。

任务三　城市轨道交通车站日常管理

任务目标

掌握城市轨道交通车站日常开关站作业流程、车站巡查和安保管理。

知识课堂

城市轨道交通根据其运营特点，一般运营时间都在18h左右，而余下的时间用来维护和保养运营的设备、设施。因此，车站的运作规律就表现为运营时间开启、非运营时间关闭。运营时刻表是城市轨道交通运营组织工作的基础，车站的开关站工作也必须根据运营时刻表来组织安排。

一、运营前检查制度

① 检查确认站内线路施工结束、线路出清，无异物侵入限界。
② 检查确认站台门开关正常。
③ 检查信号系统正常。
④ 检查综合监控系统，确认环控系统运作正常。
⑤ 做好开站准备工作。

二、车站开关站管理

1. 传统开、关站运作模式

传统开、关站由行车值班员、客运值班员、值班站长、售票岗等根据调度命令，在首班载客车到站前30min开始开站程序，在末班车结束前30min开始关站程序。开、关站流程主要包括手动开启扶梯、卷帘门设备，检查广播、PIS、CCTV、一类导向、照明、通风、AFC、边门等设备运行状态。具体的传统开、关站操作流程见表3-2。IBP盘操作站台门开关，确保应急情况下不影响行车，开、关站耗时较长，效率较低。

表3-2　车站开站程序

开关站程序	责任人	内容
开站	行车值班员	首班载客列车到站前30min，根据电调命令，开启环控系统、照明、导向、PIS、CCTV等，注意检查公共区导向灯箱是否正确
	客运值班员	在首班载客列车到站前30min完成自动售票机加币、加票工作，并检查AFC设备是否处于正常运营状态
	值班站长	在首班载客列车到站前30min内完成扶梯、升降梯开启工作
	站台岗/值班员/值班站长	接发通勤车
	保洁员	在首班载客列车到站前15min完成卫生间清扫工作
	售票岗	首班载客列车到站前12min到岗，锁闭边门

（续）

开关站程序	责任人	内容
开站	值班站长/行车值班员	值班站长于首班载客列车到站前10min完成出入口开启工作，卷闸门有地锁的车站注意打开地锁，以免损坏设备；其中，IBP盘有开启出入口卷闸门功能的车站，由行车值班员在确保安全的前提下操作IBP盘按钮开启出入口卷帘门，开启前应严密监控出入口环境，确保无安全隐患
	站台岗	首班载客列车到站前10min领齐备品到岗
	值班站长	检查照明、通风、导向、电扶梯、AFC、边门、PIS、CCTV等设备情况，人员到位情况，卫生情况
关站	行车值班员	在相应方向尾班车发出前30min起播放"尾班车预告"广播，每5min播放一次
	行车值班员	在相应方向尾班车进站前1min播放"尾班车进站"广播，播放两次
	值班站长	在末班载客列车服务时间前15min到公共区进行尾班车服务工作
	行车值班员	在末班载客列车服务时间前5min关闭自动售票机，通知各岗位，各岗位人员需告知乘客相关信息，停止该方向售票
	值班站长	本站末班车开出后，检查车站的各个角落，保证站内无乘客及车站以外人员。清站时做好岗位之间衔接，保证不留死角，对易滞留人员的处所（如卫生间、生活区通道、出入口、站台四角）进行重点清理
	值班站长	末班载客列车开出后30min内，关停扶梯
	值班站长	末班载客列车开出后15min，关闭出入口和连通地面的升降梯，出入口卷闸门需用地锁的车站注意加锁
	行车值班员	末班载客列车结束前30min内关闭车站大系统，运营结束后，根据电调命令，执行相应的照明、导向模式
9	值班站长	确认清站、出入口关闭，扶梯、照明、自动售票机PIS、CCTV关闭等情况

2. 智慧车站一键开、关站

（1）一键开站

1）开站条件检测：检测各系统设备进入正常工作模式，唤醒AFC、PIS设备，检查各系统报警情况（重要设备），检测智能边门状态，提醒边门未关闭信息，进行站台门系统工作状态自动检测，判断IBP、PSL状态是否处于禁止状态。

2）播放开站广播，提醒出口和自动扶梯人员远离设备；联动开启PIS显示，提醒站内人员远离设备。

3）检查并开启车站照明，由场景节能模式转入正常照明，开启广告灯箱一类导向，开启飞顶灯，检查系统自检区间照明和区间疏散指示灯状态是否正常；远程开启车站其他装饰类或商业电器，如LED屏、广告屏、各类艺术墙背景灯和商业设施用电。

4）检查并开启车站运营正常环控模式。

5）CCTV联动自动扶梯画面，确认无人后自动开启。多画面多组扶梯为一组，依照扶梯编号顺序显示扶梯监视画面，车站工作人员视频监控确认每组扶梯状态安全后，人工远程开启该组扶梯并设置较长时间的变频运行过程。扶梯显示故障信息时，不启动故障电梯。

6）CCTV联动出、入口画面，确认无人后自动开启卷帘门。

（2）一键关站

1）CCTV轮巡车站各区域，确定车站无乘客后，播放关站广播，提醒出口和自动扶梯人员远离设备;联动关站 PIS 显示,提醒站内人员远离设备。

2)CCTV 轮巡出、入口画面,关闭防盗卷帘门。

3)公共区照明切换至 1/4 模式、关闭广告灯箱照明、关闭飞顶灯;远程关闭车站其他装饰或商业电器,如 LED 屏、广告屏、各类艺术墙背景灯和商业设施用电。

4)大系统模式切换至停运模式。

5)休眠非运营期不需投用设备,如 AFC、PIS;释放边门门禁。

6)CCTV 轮巡扶梯,确认无人后关闭扶梯。

> **特色亮点:四两拨千斤**
>
> "四两拨千斤"之说最早见于王宗岳《太极拳论》一文,原文意指太极拳技击术是一种含高超功力技巧,不以拙力胜人的功夫。一键式开关有异曲同工之妙。
>
> 成都地铁 17 号线所有车站升级设置了"一键开、关站功能"。该功能在既有"一键开、关站"功能的基础上,优化了开、关站的联动项目和流程,将原来需要人工前往现场开启或关闭的电扶梯及车站卷帘门联动至一键开、关站的全流程,同时升级了自动售票系统、门禁设备自检功能和人机操作界面。
>
> 工作人员只需在综合监控工作站操作一键开站或关站控制指令,便可开启或关闭车站环控系统、照明、导向、电扶梯、卷帘门等设备,实现了远程化、智能化的车站运作新尝试,续航智慧运营新模式。

三、车站巡查管理

车站工作人员应对车站出入口、站厅、站台和通道等公共区域进行巡视,检查应急设施、乘客信息系统、自动售检票设备、标志标识、照明设施、电扶梯、屏蔽门、站台候车椅状态,巡视频率不应低于每 3h 一次,发现异常情况及时进行处理;遇客流高峰、恶劣天气和重大活动等情况,应根据需要增加巡视次数。

1. 车站巡视范围

① 站长的巡视范围。站长的巡视范围包括设备区通道、管理用房、站厅和站台。

② 值班站长的巡视范围。值班站长的巡视范围包括设备区通道、管理用房、站厅、站台、出入口和售票亭。

③ 客运值班员的巡视范围。客运值班员的巡视范围包括售票亭、站厅、站台和出入口。

2. 巡视要求

① 认真。巡视人员必须以认真负责的态度巡视每个角落和其所管辖的范围。

② 细致。从细微处着手,做到防微杜渐,从看、摸、嗅、听四觉入手。

③ 周全。岗位内的设备、设施、公告牌等都要检查。

④ 真实。填写台账必须真实,不能弄虚作假,如发现问题应及时跟进,完成后要签名确认。

3. 运营时间内的巡视

① 值班站长每 2h 巡视车站一次,将相关情况记录在"车站日常检查表"上,接班前必须巡视一次。

② 客运值班员每 2h 巡视一次,如发现问题应及时上报。

③ 站台安全员在接发车间隔巡视站台,交接时接班安全员必须先巡视后接班,发现问

题应及时报车控室。

4. 非运营时间内的巡视

① 每 2h 巡视一次站厅、站台公共区、设备区和施工区等。

② 巡视人员需持对讲机，并在巡视前和巡视后及时通知行车值班员，并注意做好个人人身安全的防护。

③ 在巡视过程中发现问题但自身不能解决时，由值班站长安排处理。

5. 车站巡查作业表

车站巡查可以消除车站安全隐患。因此，在车站的日常运作中，车站巡查占有极其重要的位置。车站巡查可分为站厅巡查（见表3-3）。站台巡查和车站出入口巡查，而作为车站当班的工作人员需要认真填写巡查表，记录巡查的大致情况。

表3-3 车站站厅巡查表

车站：　　　　　　　　　　日期：　　　　　　　　　　检查人：

检查项目	是否正常工作	备注及解决
1. AFC 设备		
2. 消火栓和火灾报警器		
3. 广告板		
4. 地面瓷砖、排水管道		
5. 扶手电梯及垂直电梯		
6. 乘客信息显示系统		
7. 标识牌		
8. 照明		
9. 其他设施、设备等		

> **创新能力培养：企业微信站务数字化巡视应用**
>
> 现代社会逐步进入"互联网+"时代，"互联网+"被认为是智慧城市的基本特征，有利于形成创新涌现的智慧城市生态，是未来城市轨道交通运营模式创新的新引擎。
>
> 基于企业微信平台开发的站务数字化巡视功能满足了新时期对新技术的需求，同时也能提高站务巡视工作的效率性和便捷性，它摆脱了传统的纸张及 PC 终端的记录方式，利用手持终端、二维码、运营生产管理系统云平台实现巡检数据的在线监测与实时把控。
>
> 传统的站务巡视方式往往是在巡视后，将各个设备的巡视信息记录在纸质单里供查询，如果发现了设备问题，除了在纸上记录故障问题外，还需要向主管领导汇报，接到主管指示后再处理故障。传统站务巡视方式是站务员手工异步操作的，巡视的点位和设备较多，往往容易有遗漏的地方，另外相关纸质记录容易破损，而且查询历史记录时要花费大量时间。
>
> 而站务数字化巡视功能基于企业微信平台开发，可以将每个站每个具体设备生成一个唯一属性的二维码，在站务巡视的时候站务员只要利用手机企业微信应用扫描二维码，便会通过手持终端设备将巡检信息发送到运营生产管理系统云平台。基

于运营生产管理系统云平台可以实时查看全线各站设备的巡检情况，同时系统支持在后台设置限时查询、运营前巡视、查询轮次设定等业务设置操作。在实际工作中，对于站务员而言，企业微信站务数字化巡视应用在日常运营管理中提高了巡检的灵活性。巡视管理工具突破了传统的局限，根据不同的站点地形特点、设备摆放位置等业务场景，制订不同的巡视内容，方便随时随地通过云平台进行查询，更高效地为信息化的运营生产提供行之有效的帮助。综上所述，数字化巡视是站务管理工作迈向现代化、信息化的一个缩影，也减轻了站务员的负担，在一定程度上提高了工作效率。

四、车站安保管理

每天适时开启安检仪，对旅客携带的各种物品进行检测，没有安检仪的要设置专门的危险品检查岗，配备专人对易燃、易爆和危险物品进行查堵。要恪尽职守，坚守岗位，按照规定的程序、工作时间，认真仔细地检查物件行李，不放过任何危险物品进站上车。要文明检查、礼貌待人，检查中发现可疑物品，要礼貌地要求旅客打开行李包检查。对查获的危险物品要进行造册登记保存，按规定进行处理。

"三品"安检员每天要按规定认真填写"三品"检查登记表。安检员操作规程如下：

① 遵守各项法律、法规和地铁各项规章制度，服从地铁各级领导管理，对违反法律、法规或地铁规章制度的现象应予拒绝并及时向上级报告。
② 严格遵守劳动纪律，不迟到，不早退，不擅离职守，不做与工作无关的事情。
③ 按规定着装上岗，佩戴标示要规范，自觉维护安检人员岗位形象。
④ 认真履行岗位职责，其他安检员做好安检工作。
⑤ 熟练掌握各种安检设备的操作及识别方法。
⑥ 按照"逢包必检"的安检要求，负责宣传引导乘客进入安检区域。
⑦ 对可疑物品进行针对性探测，确定可疑物性质，及时移交现场民警处理并做好记录。
⑧ 对无异常的行李包裹，疏导乘客尽快离开安检点，以便后续乘客通行。
⑨ 文明值岗，态度和蔼，遇事讲究方式方法，做到以理服人。
⑩ 上下班途中或在站等车时，不应互相嬉笑打闹，在站内休息期间不应在座椅上躺卧。
⑪ 穿着安检服乘车时应主动礼让乘客，自觉维护地铁安检形象。

> **创新能力培养：AI 与大数据——打造地铁安检新模式**
>
> 随着 5G、AI、大数据、物联网等新技术的发展，我国城市轨道交通在安检新技术、新产品的应用方面跨出了一大步，正在逐步建立与城市轨道交通客流特点相适应的安检新模式。同学们可从设计、设备和运营需求等维度，探讨新一代信息技术条件下，地铁安检系统的未来发展。

项目四

城市轨道交通客流调查与预测

学习导入

城市轨道交通客流量大，城市轨道交通一条线路日均客流少则数十万乘次，多则上千万乘次。工作日与非工作日客流呈现不同特点，每天不同时段客流又呈现不同特点。城市轨道交通客流是客运组织的重要依据，因此有必要对城市轨道交通客流进行调查与预测研究。城市轨道交通客流有哪些分类？客流特点是什么？城市轨道交通客流影响因素有哪些？本项目将解决这些问题。

任务一　城市轨道交通客流的认知

任务目标

1. 掌握城市轨道交通客流的概念。
2. 掌握城市轨道交通客流的分类。
3. 了解城市轨道交通客流的影响因素。

知识课堂

一、客流的概念和数量指标

1. 客流的概念

客流是指在单位时间内，由出发地至目的地进行位移的旅客的集合。客流的大小、流向及在时间（季节、时段）和空间的分布具有非均衡性。客流的概念既表明了旅客在空间上的位移及其数量，又强调了这种位移带有方向性和具有起止位置。

城市轨道交通的客流是指人们为了实现各种出行的需要，选用城市轨道交通方式，在一定时间和空间范围内做有目的的移动，或者是指在单位时间内，轨道线路上乘客流动人数和流动方向的总和。其内涵包括乘客在时间和空间上的位移和位移数量，该位移具有方向和起止特征。城市轨道交通客流的四要素包括乘客的流动人数、出行时间、运行距离及流动方向。客流可以是预测客流,也可以是实际客流,一般是以实际客流为依据计算预测客流。客流的大小直接影响城市轨道交通的发展情况。

2. 客流量的几个数量指标

客流量反映城市居民需要乘坐公共交通车辆的数量程度。城市和郊区固定人口和外来人口因生活、工作等需要出行而产生了客流量。客流包含时间、方向、地点、距离和数量等要素。客流流动的数量称为"流量",流动的方向称为"流向",流动的距离称为"流程",流动的时间称为"流时"。客流量的大小取决于土地性质与面积、人口密度、经济水平、就业人口、城市布局以及公共交通线路网的布设、票价、服务质量等诸多因素。

为了分析客流在公共交通线路上的具体分布,经常要了解某一段或某一站点的乘客乘车情况,就产生了以下几个有关客流量的数量指标。

(1)流向量 流向量是指在单位时间内,往同方向乘车的乘客人数。
(2)客运量 客运量是指在一定时期内,实际运送的旅客数量,单位为乘次。
(3)通过量 通过量是指在单位时间内,通过某站的单方向乘客人数。
(4)集结量 集结量是指在单位时间内,某站需要乘坐公共交通的人数。
(5)疏散量 疏散量是指在单位时间内,某站下车的乘客人数。
(6)待运量 待运量是指在单位时间内,某站未乘上公共交通的滞留在站上的乘客人数。
(7)客运工作量 客运工作量是指在单位时间内,全部公共交通乘客的乘车总行程,计量单位为"人·km"。计算公式为

$$M = \sum_{i=1}^{m} K_i L_i$$

式中 M——客运工作量,"人·km"之和;
K_i——各站或各断面人数;
L_i——各站站距。

(8)平均运距 平均运距是指每位乘客在公共交通工具上的运行里程,计算公式为
$$平均运距 = 客运周转量 / 乘客人数$$

(9)客流交替量 客流交替量是指在单位时间内,某站上下车的乘客总人数。

二、客流的分类

1. 客流分类

① 根据客流的时间分布特征,客流可分为全日客流、全日分时客流和高峰小时客流。
a. 全日客流:指全日各个时间段的总客流。
b. 全日分时客流:指全日各小时的客流。
c. 高峰小时客流:指以小时为时间单位计算的高峰小时的客流。
② 根据空间分布特征,客流可分为断面客流与车站客流。
a. 断面客流:通过城市轨道交通线路各区间的客流。
b. 车站客流:在城市轨道交通车站上下车和换乘的客流。
③ 根据客流的来源,客流可分为基本客流、转移客流与诱增客流。
a. 基本客流:既有客流加上按正常增长率增加的客流。
b. 转移客流:原来经由常规公交、自行车等其他交通方式出行转移到经由城市轨道交通出行的这部分客流。

c. 诱增客流：促进沿线土地开发、住宅区形成规模、商业活动繁荣所诱发的新增客流。

2. 不同客流的概念

（1）断面客流量　在单位时间（通常是1h或全日）内，通过城市轨道交通线路某一地点的客流量称为断面客流量。通过某一断面的客流量就是该断面所在区间的客流量。断面客流量分为上行断面客流量和下行断面客流量。断面客流量计算公式为

$$P_{i+1}=P_i-P_下+P_上$$

式中　P_{i+1}——第$i+1$个断面的客流量（人）；

P_i——第i个断面的客流量（人）；

$P_下$——在车站下车人数（人）；

$P_上$——在车站上车人数（人）。

地铁站间断面客流量

（2）最大断面客流量　在单位时间内，通过城市轨道交通线路各个断面客流量的最大值。城市轨道交通线路上、下行方向的最大断面客流量一般不一定在同一个断面上。

（3）高峰小时最大断面客流量　在以小时为时间单位计算断面客流量的情况下，全日分时最大断面客流量一般是不相等的，其中的峰值称为高峰小时最大断面客流量。城市轨道交通的高峰小时一般出现在早晨和傍晚，分别称为早高峰小时和晚高峰小时。

高峰小时最大断面客流量是确定是否需要修建城市轨道交通、修建何种类型城市轨道交通、确定车辆型式、列车编组、行车密度、车辆配置数和站台长度等的基本依据。

（4）车站客流量　车站客流量包括全日、高峰小时和超高峰期在城市轨道交通车站上下车和换乘的客流量以及经由不同出入口、收费区的进出站的客流量和不同方向的换乘客流量。超高峰期是指在高峰小时内存在一个15~20min的上下车客流特别集中的时间段。

车站高峰小时和超高峰期客流量决定了车站设计规模，是确定站台、售检票设备、自动扶梯、楼梯、通道、出入口等车站设备容量或能力的基本依据，如站台宽度、售检票机数量、楼梯与通道宽度等。

三、客流的影响因素

1. 土地利用因素

① 土地的用途，涉及城市各区域功能的定位。

② 在用地上建造的建筑类型，涉及用地上进行的社会经济活动类型。

③ 土地的利用状况，涉及用地上进行的社会经济活动的强度，如人口、就业和产量等。

2. 人口规模

城市中的出行量与人口规模、出行率存在密切关系。不同人群的出行率存在差异。一般规律是常住人口中中青年人群的出行率高于老年、幼年人群的出行率。上班、上学人群的出行率高于退休人群的出行率。市区人口的出行率高于郊区人口的出行率。暂住人口、流动人口中旅游人群的出行率高于民工人群的出行率。流动人口的出行率高于常住人口的出行率等。

3. 客运服务及替代服务的价格与质量

① 票价是影响客流的重要因素。

② 票价与收入水平对客流的影响是综合产生作用的。

③ 票价与收入有四种可能的组合，其中低收入、高票价对客流的吸引最不利。

城市轨道交通的客源主要来自中、低收入人群，中、低收入人群对票价的变动比较敏感。

当城市轨道交通票价支出占收入水平的比例较大时，选择城市轨道交通方式出行的客流就会下降。乘客会权衡各种出行方式的票价高低及性价比来选择出行方式。只有在城市轨道交通的性价比高于其他出行方式或替代服务的性价比时，城市轨道交通才具有吸引客流的优势。

4. 城市轨道交通服务水平

评价城市轨道交通服务水平的指标主要有列车频率、运送速度、列车正点率、舒适便利和乘客安全等。服务水平是影响客流及潜在客运需求的关键因素。

5. 政府的交通运输政策

大城市确定以公共交通为主、个体交通为辅的交通运输政策，优先发展公共交通，大力发展轨道交通，控制自行车与私人汽车的发展。而要实现这一交通运输政策，首先是加快公共交通设施的建设，如提高城市轨道交通线网的密度、建成大型换乘枢纽等；其次是优先现有交通资源的利用，如完善城市轨道交通与常规公共自行车、私人汽车的衔接换乘，减少与城市轨道交通线路走向重复的常规公交线路等。

拥有700多万人口的中国香港，居民采用公交出行的比例接近九成，为全球第一，这与香港政府多年来一直推行"公交优先"政策密切相关。香港政府于20世纪70年代开始兴建城市轨道交通，逐步建立以轨道交通为骨干、地面公交为辅助的高效公交系统。城市开发也以轨道交通沿线地点为核心，以减少市民出行对道路交通的依赖。几乎每个轨道交通车站外就是一个公交中心，大量公交线路接驳，市民通常只需要乘坐一趟巴士就能坐上地铁。同时，大量的同台换乘车站也极大提高了香港城市轨道交通系统的运输效率。据香港政府运输署统计，香港约有九成市民使用公共交通工具出行，其比例为全世界第一。

6. 交通网的规模与布局

多层次的轨道交通线网、合理的线路布局及走向和功能完善的换乘枢纽对实现城市中心区45min交通圈、增大轨道交通对出行者的吸引力、提高轨道交通在公共交通中的运量分担比例具有重要的作用。此外，从土地利用与运输系统互动、运输需求与运输供给互动的角度，国外学者提出了通过建设交通运输走廊来推动车站周边地区土地开发利用的交通导向开发（Transit-oriented Development，TOD）规划模式。由于轨道交通具有运能大、速度快、能源消耗和空气污染低的优势，TOD规划模式在轨道交通建设领域得到了较多应用。国外的研究发现，根据车站附近地区的土地利用情况不同，TOD规划模式可降低小汽车车流量5%～20%，而轨道交通的客流相应增加。

7. 私人交通工具的拥有量

在客运需求一定的情况下，利用私人交通工具出行的人数越多，则通过公共交通出行的人数就越少。长期以来，国内大城市的自行车出行比例达到50%~60%，其原因一方面与出行距离较短有关，另一方面也与公共交通服务水平较低有关。私人汽车拥有量的快速增长使道路交通因拥挤而处于行车难的状态。在发展个体交通还是发展公共交通的问题上，国外的经验教训值得借鉴。西方国家大城市过去曾经对私人汽车的发展不加控制，结果在破坏城市生态环境的同时，出现了严重的道路拥挤和出行难问题，最后不得不又转向发展公共交通和轨道交通。因此，从优化出行方式结构、提高公共交通的客运比例出发，应有序控制自行车与私人汽车的发展。作为一种辅助出行方式，短距离自行车出行仍会大量存在，但长距离自行车出行应引导到公共交通出行上来。在出行的快捷、方便和舒适方面，私人汽车出行无疑要优于公共交通出行，但私人汽车的发展应考虑是否适应道路网能力，不能以降低大部分市民的快捷、方便和舒适为代价。对私人汽车的使用应通过经济杠杆进行适度控制，鼓励并创造条件让私人汽车使用者以停车-换乘方式进入城市中心区。

任务二　城市轨道交通客流调查

任务目标

1. 熟悉客流调查的种类。
2. 掌握客流调查的方法，能够根据不同情况选择客流调查的方法。
3. 熟悉客流调查统计指标。
4. 能够运用不同的方法对城市轨道交通客流进行调查。

知识课堂

一、客流调查的种类

为了掌握客流现状与变化规律，必须经常进行各种形式的客流调查。涉及客流调查内容、地点和时间的确定，调查表格的设计、调查设备的选用和调查方式的选择以及调查资料汇总整理、指标计算和结果分析等。

（1）**全面客流调查**　全面客流调查是对全线客流的综合调查，能对客流现状及变化规律有全面清晰的了解。方法主要有随车调查和站点调查，城市轨道交通基本采用站点调查。全面客流调查一般应连续进行 2~3 天，将调查资料以 5min 或 15min 为间隔分组记录下来。

（2）**乘客情况抽样调查**　乘客情况抽样调查通常采用问卷方式进行。调查内容主要包含乘客构成情况调查和乘客乘车情况调查两方面。乘客构成情况调查包括年龄、性别、职业、家庭住址和出行目的等；乘客乘车情况调查包括家庭住址和家庭收入、日均乘车次数、上车站和下车站、到达车站（目的地）的方式和所需时间等。

（3）**断面客流调查**　断面客流调查为经常性的客流抽样调查，一般用直接观察法。

（4）**节假日客流调查**　专题性客流调查，通过问卷方式进行。调查的内容包括休假安排，城市旅游业、娱乐业的发展程度，市民生活方式的变化等。

二、客流调查的方法

客流调查是一件经常性的工作。根据不同的调查目的，可以有不同的调查方法。通常采用的方法有随车客流调查法、驻站客流调查法、问讯客流调查法、客票调查法等。

客流的动态调查需要积累比较长期的资料，以供分析，除了直接从调查中取得资料外，企业中常用的各种运营报表所反映的统计数值，也是反映客流周期性升降波动的重要资料。但是要掌握客流动态的规律，还是要取得经常性的全面调查资料进行综合分析。因此公共交通企业需要建立定期的全面性的客流调查制度。有时为了某一特定的目的，也可进行临时的局部性的调查，也可组织抽样调查和专项调查。总之，只有在明确目的的情况下，选择最有效的调查方法，才能取得预期的效果。

选择调查方法时应注意以下两个要点：第一，尽可能以最少的劳动和时间消耗，取得足够量的精确的调查资料；第二，尽可能以最简便的方法，得到被调查者的配合，保证所需资料的及时性与可靠性。下面按调查方法叙述几种可行的调查形式：

1. 随车客流调查法

随车客流调查是在线路运行的车辆中安排专人记录每个车站的上下车的乘客数量以及车站上留站人数多少的一种全面调查。

随车客流调查可以在全市范围内进行，也可以选择部分和一条线路进行。它可以组织全天营业时间进行，也可以在某一段营业时间进行，这取决于调查的不同目的。

（1）**随车客流调查的组织方法**　随车客流调查方法是一种较大型的调查方法，其具体做法是：在运营的所有车辆上，从早出的第一班车开始直至晚上末班车为止。随车调查的人数一般一个车门安排一个人，在车门附近选好适当的位置进行。按照特定表格的要求进行上下车人数的记录，此表格为原始记录表。在车辆拥挤而有留站乘客时，还需注明未上车的留站人数。

（2）**调查资料的统计汇总**　随车观察所得的资料必须分别按线路上下行的不同方向和发出车辆先后到达的顺序整理排列后，依规定的分组时间（一般按 0.5h 和 1h 分组）进行统计汇总，随车原始调查记录表见表4-1。

该客流调查资料反映线路在运行的各个时间内各站上下车人数和车内的乘客人数。这些基本数据是计算其他各种资料的基础。

（3）**调查资料的计算分析**　随车客流调查所得的资料经汇总统计后能反映客流量在线路上各个断面的分布状态。因此在调查资料统计汇总表的基础上需分别计算各断面的通过量，分别计算反映运营状态的各种有关指标的数值，如各站上下车人次、各断面通过量、高峰小时最大断面通过量及满载率、各线路客运周转量、平均运距、乘客密度、不均衡系数等，见表4-2 和表4-3。

表 4-1　随车原始调查记录表

线路：　　　　　　方向：

车　次		发车时间	
站　名	下车人数	上车人数	滞留人数
车站1			
车站2			
车站3			
车站4			
……			
合　计			

表 4-2　分时断面流量汇总表

线路：　　　　　　方向：

时间分组＼断面						合　计
首发—7:00						
7:01—8:00						
8:01—9:00						
……						
合　计						

表 4-3　三峰人·km 汇总表（小时单向）

线路：　　　　　　　方向：

断　面					最大断面不均衡系数	合　计
站 间 距						
早高峰	流量					
	人·km					
午高峰	流量					
	人·km					
晚高峰	流量					
	人·km					
全　天	流量					
	人·km					

2. 驻站客流调查法

驻站客流调查法是在中途重点站或客流量较大的高峰断面上配备调查员，在调查时间内，以目测的方法记录上下车乘车人数、车厢内人数、留站人数和通过车次的一种断面调查法，是为了解断面客流在时间上的变化与配车是否合理，定线、定站、定时、定期进行的调查。将调查资料汇总积累，随时可供对比分析用。为线路增减配车、调整运力提供可靠的依据。驻站客流调查表见表 4-4。

表 4-4　驻站客流调查表

线路：　　　　　　　方向：　　　　　　　站：

车　次	到站时间	进站人数	下车人数	上车人数	出站人数	留站人数
合　计						

（1）驻站客流调查的组织方法

① 调查员应熟悉线路运营情况，掌握车辆的座位数、乘客可站立的面积和额定车容量，并能准确估算车厢人数。此种方法对调查员的要求较高。所测得的资料准确度一般要求在 90% 以上。

② 调查日期与具体时间可根据一般客流动态规律和调查线路的具体情况而定。时间选择是否适当，直接影响能否达到预期的调查目的。

（2）驻站客流调查的注意事项

① 调查员目测位置的选择要适当，能够较为准确地估算客流量。

② 候车人多时，可提前数清在站人数。

③ 调查员应按调查表要求及时填好每次车的数据，避免混乱。

（3）调查资料的统计汇总分析

① 把各站点测得的原始记录，按 30min 或 1h 分组统计上下车人数、通过车次、通过量、车辆满载率和留站人数等。

② 根据统计汇总的客流资料，分析运行车辆的满载程度。根据调查点的乘客集散量，分析调查时间内的运力适应运量的情况，调配增车减车及改进调度方法，使运力与运量保持平衡。

3. 问讯客流调查法

问讯客流调查法是指派人员通过问讯的调查方式，记录每一个乘客上下车地点的一种方法。问讯客流调查法可分为随车问讯和驻站问讯两种方式。

随车问讯一般用在站线长、上下车交替量小的线路。而在客运量大、站距短、上下车交替量大的市区线路采用驻站问讯的方式。指派问讯调查员的人数可根据每个站集散乘客数量而定。

问讯调查能够反映每个乘客上车和下车的地点，同时也可反映出每站上车的乘客到其余各站下车的人数、每个站上乘客的乘距、每个断面的客流量负荷情况和满载率等。在条件许可的情况下，还可问讯乘客的转乘，以掌握乘客的乘车规律与集散方向。

> **特色亮点：客流调查——充分发挥团队合作能力及协调能力**
>
> 客流调查是一件充分体现团队合作能力和协调能力的工作。所谓团队协作能力是指建立在团队的基础上，发挥团队精神、互补互助，以达到团队最大工作效率的能力。对于团队的成员来说，不仅要有个人能力，更需要有在不同的位置上各尽所能、与其他成员协调合作的能力。在客流调查前中后三个阶段，都需要团队成员各司其职并密切配合。在乘客情况抽样调查中，还需要良好的协调沟通能力，才能更好地完成调查工作任务，如图 4-1 所示。
>
>
>
> 图 4-1　客流调查

三、客流调查统计指标

1. 乘客人数

乘客人数指分时与全日各站上下车人数、分时与全日各站换乘人数、各站与全线高峰小时乘客人数、各站与全线全日乘客人数、高峰小时乘客人数。

2. 断面客流量

断面客流量指分时与全日各断面客流量、分时与全日最大断面客流量、高峰小时最大断面客流量。

3. 乘坐站数与平均乘距

乘坐站数与平均乘距指本线乘客乘坐不同站数的人数及所占百分比、跨线乘客乘坐不同站数的人数及所占百分比、平均乘车距离。

4. 乘客构成

乘客构成是指全线持不同票种乘客人数及所占百分比，不同车站按年龄、家庭住址和出行目的等统计的乘客人数及所占百分比等。

5. 车辆运用

客车公里 = 客运列车数 × 列车编组辆数 × 列车运行距离

客位公里 = 客车公里 × 车辆定员

车辆运用指标包括客车千米、客位千米、乘客密度、客车满载率和断面满载率。

$$乘客密度 = \frac{客运量 \times 平均运距}{客车公里}$$

$$客车满载率 = \frac{乘客密度}{车辆定员} \times 100\%$$

$$断面满载率 = \frac{单向最大断面客流量}{客运列车数 \times 列车编组辆数 \times 车辆定员} \times 100\%$$

📚 案例分析——成都地铁万盛站客流调查

1. 调查内容

本次调查选取成都地铁4号线万盛站对地铁乘客进行乘客需求调查，方法为驻站问卷调查法。主要包括乘客基本信息调查、乘客出行情况调查和乘客需求情况调查。调查问卷见本任务最后。

2. 调查实施

成都地铁4号线走向为东西走向，东起西河站，西至万盛站，本次调查站万盛站为4号线西端始发站。乘客由郊区坐车前往或途经市区各个方向。调查员在站厅售票机区域对排队乘客、在站台区域对候车乘客进行问卷调查。

3. 调查问卷

城市地铁乘客需求调查问卷

尊敬的女士/先生：

您好！为了更好地为您服务，通过本次不记名调查，了解您对地铁服务的要求，请您根据下表的相关信息，在认可的选择处画"√"。

1. 您的年龄：
① <20 ② 21~30 ③ 31~40 ④ 41~50 ⑤ 51~60 ⑥ >60

2. 您的职业：
① 公务员 ② 企业员工 ③ 自由职业 ④ 私营业主 ⑤ 学生 ⑥ 军人
⑦ 农民 ⑧ 离退休人员 ⑨ 各种专业人士（如教师、医生、科研技术人员）
⑩ 其他（请注明）_____

3. 您的月收入：
① 无收入 ② 少于800元 ③ 800~2000元 ④ 2000~4000元
⑤ 4000~6000元 ⑥ 6000~8000元 ⑦ 8000元以上

4. 您每周平均乘坐地铁次数：
① 1次或无　② 2~3次　③ 4~6次　④ 7~10次　⑤ 10次以上
5. 您此次出行的目的：
① 上学/放学　② 上班/下班　③ 外出办公　④ 逛街购物　⑤ 旅游休闲
⑥ 其他
6. 您从出发地到达地铁站采用的主要交通方式是：
① 公共汽车　② 自行车　③ 出租车　④ 步行　⑤ 其他_____
7. 离开地铁车站后到达目的地主要采用的交通方式是：
① 公共汽车　② 自行车　③ 出租车　④ 步行　⑤ 其他_____
8. 您乘坐地铁的原因（可多选）：
① 迅速准时　② 换乘方便　③ 价格合理　④ 舒适清洁　⑤ 安全
⑥ 其他_____
9. 您每月乘坐地铁的支出大约为：
① 低于50元　② 51~100元　③ 101~200元　④ 200元以上
10. 您在过闸机检票时一般用哪种方式：
① 单程票　② 一卡通　③ 扫二维码支付　④ 其他_____

调查时间：　　时　　分　　　　线路：　　　　站名：
调查员：

任务三　城市轨道交通客流预测

任务目标

1. 了解客流预测的作用。
2. 熟悉客流预测的模式。
3. 掌握客流预测常见的几种方法。

知识课堂

一、城市轨道交通客流预测的作用及意义

客流量是城市轨道交通规划、设计、建设及运营各环节的基本依据，客流预测是城市轨道交通建设的一个重要环节，是各项规划设计工作的基础，也在运营筹备阶段和运营后的客流节点运输中起着非常重要的指导作用。因此，客流预测的结果不仅直接关系到城市轨道交通的规划建设投资，还影响着运营后的客运组织和经济效益。

在工程可行性研究阶段，项目决策对城市轨道交通工程造价的影响可达80%~90%，客

流量又是决定城市轨道交通工程必要性和可行性的重要参数。在这个阶段中，客流预测工作做得科学细致，可以使城市轨道交通修建方面的许多不合理因素得到控制。在工程设计建设阶段，系统的运输能力、车辆选型及编组、设备容量及数量、车站规模及工程投资等都要依据客流量的大小来确定，客流预测结果在相当程度上决定了线路形式和造价。因此，在规划阶段，能否准确地预测客流量，尽量使车站规模、形式、间距和车辆编组符合实际客流增长的需要，并尽量接近实际客流，构成了影响城市轨道交通造价的重要因素。

在运营筹备阶段，为了使地铁车站在运营开通后能够安全、稳定地提供运输服务，发挥地铁大运量的优势，车站必须依据各项指标，如车站容量、车站设备状况以及车站周边环境等因素综合分析，提前制订与车站客流情况相匹配的乘车、候车、进出站、购票、导引等方案，合理安排人员布岗，实现客运组织效率最大化。而在运营开通后，客流预测的作用体现在针对节点运输的客运组织方案的制订上。车站依据前期客流走向的数据汇总以及客流处置经验，在运营过程中的特殊时间节点（如节假日、大型活动）上提前预测客流规模，为节点运输做好充分准备。

二、城市轨道交通客流预测模式

1. 非基于出行分布的客流预测模式

将相关公交线路和自行车出行的现状客流向城市轨道交通线路转移，得到虚拟的城市轨道交通基年客流。然后根据相关公交线路的客流增长规律确定城市轨道交通客流的增长率，并据此推算城市轨道交通的远期客流。这种客流预测模式又称为趋势外推客流预测模式。非基于出行分布的客流预测模式能较好地反映近期客流量的增长情况，但由于未考虑土地利用形态等客流影响因素，远期客流预测结果的精度较低，并且在预见未来出行分布变化上可靠性较差。该客流预测模式操作简单，常用于其他模式预测后的比较验证，或作为定性分析的辅助手段。

2. 基于出行分布的客流预测模式

以市民出行交通起点调查（Origin-destination Survey，OD 调查）为基础，得到现状全方式出行分布，在此基础上预测规划年度的全方式出行分布，然后通过方式划分得到城市轨道交通的站间 OD 客流。这种客流预测模式包括出行生成、出行分布、方式划分与出行分配四个阶段，因此又称为"四阶段客流预测模式"，如图 4-2 所示。四阶段客流预测模式以现状 OD 调查为基础，结合未来城市发展及土地利用规划预测，因此客流预测结果的精度较高。该客流预测模式对于基础数据的要求较高，操作复杂。此外，在城市发展未能按规划实现时，预测的客流分布就会存在较大的差异。近年来，国内许多城市的轨道交通客流预测采用了四阶段客流预测模式。但在实践过程中，各个建设项目在方式划分阶段的位置、预测模型及参数标定以及交通规划软件选用等方面存在不同的情形。

3. 三次吸引客流预测模式

三次吸引客流预测模式认为，可以确定一个城市轨道交通车站对客流的吸引范围，车站吸引范围是一个以车站为圆心，以合理的到达车站时间或到达车站距离为半径的圆形区域。在分析车站吸引范围内的土地利用性质以及确定合理步行区与接运交通区的基础上，可以预测通过步行、自行车和常规公交三种方式到站乘车的人次，它们分别称为一次吸引客流、二次吸引客流和三次吸引客流，并在车站客流量的基础上进一步推算线路的断面客流量。

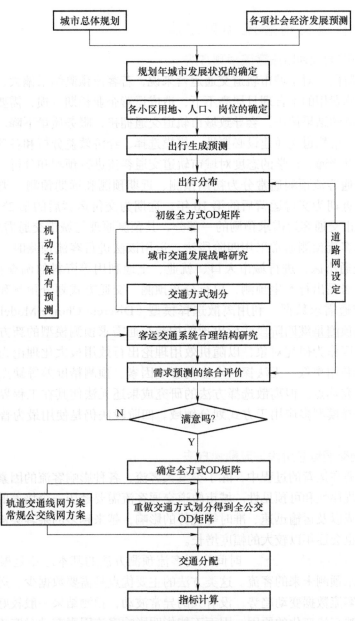

图 4-2　城市轨道交通客流预测的四阶段预测流程

采用三次吸引客流预测模式，需要确定城市轨道交通车站客流吸引范围。根据某地铁研究，在中间站到站乘客总数中，步行到站乘客约占 60%，利用接运交通到站乘客约占 40%。因此，确定车站客流吸引范围主要是确定一次吸引的合理步行区与三次吸引的合理接运区。研究认为：到达城市轨道交通车站的合理步行区应是以车站为圆心、半径为 600~800m 的区域；到达城市轨道交通车站的合理接运区应是以车站为圆心、半径为 2500~3000m 的区域。在有快速公交线路接运的情况下，合理接运区半径可以超过 3000m。此外，研究还指出，城市轨道交通终点站的合理接运区半径一般要比平均值大。

三、城市轨道交通客流预测方法

1. 城市轨道交通规划阶段客流预测方法

在建设规划阶段,对于城市轨道交通运营来说,若客流预测结果偏大、客流不足,将造成运营费用和维修费用的不合理且居高不下,造成运营企业长期亏损,需要政府巨额的财政补贴;若客流预测的结果偏小,会导致城市轨道交通拥挤,服务质量下降。因此,建设规划阶段客流预测是城市轨道交通建设必要性、规模选择、经济效益分析和各项专业设计的基础和前提,因此应以严谨、科学的态度对城市轨道交通客流进行预测和分析。

城市轨道交通客流预测通常分为初期预测、近期预测和远期预测三类,初期为建成通车后的第 3 年,近期为交付运营后的第 10 年,远期为交付运营后的第 25 年。城市轨道交通客流预测是城市交通客运需求预测的一部分,其预测原理与城市交通需求预测是一致的。国内外轨道交通客流预测通常采用四阶段法。运用该法进行客流预测时,首先要把研究对象城市划分成交通小区,进行城市人口、就业、土地利用等资料的调查和居民出行调查,在此基础上进行居民出行产生预测、出行分布预测、交通方式划分预测和交通分配,以获得所需的轨道交通需求数据。利用离散选择模型(Discrete Choice Model,DCM)进行居民出行的分析和预测是继四阶段法后出现的构造交通需求预测模型的新方法。它以出行者个人而非交通小区作为研究对象,以随机效用理论出行效用最大化理论为研究基础,避免了四阶段法数据利用率低、无法探讨众多的影响因素、预测精度差等缺点,曾一度成为交通规划领域的研究热点。但离散选择方法的研究成果还无法使其在工程界完全取代四阶段法,目前离散选择模型多应用于方式划分领域。四阶段法仍是使用最为普遍的交通需求预测方法。

2. 城市轨道交通运营阶段客流预测方法

城市轨道交通在运营的过程中,除了突发大客流,各种影响客流的因素会使地铁客流的变化具有一定的规律性和可预见性。城市轨道交通客流需要经历一个培养的过程,会随着轨道交通网络的形成以及运输迅速、准时等优势的影响,越来越多的乘客会被吸引至城市轨道交通,因此客流也会逐年以较大的幅度增长。

(1)时间序列客流预测方法 时间序列客流预测方法的基本思路是根据客流从过去到现在的变化规律来预测未来的客流。这类方法的主要优点是需要数据少、运用简便,只要采用时间段的统计客流数据变动趋势,没有大的异常波动,预测结果一般较好。这类方法的主要缺点是无法反映客流变化的原因,因而不能指明影响客流因素变动时客流的变化趋势与结果。常用的时间序列客流预测方法有指数平滑法、月度比例系数法、曲线趋势法和随机时间序列预测模型等。

① 指数平滑法。所谓平滑,就是通过某种平均方式,消除历史统计序列中的随机波动,找出其中的主要发展趋势。指数平滑法分为一次指数平滑、二次指数平滑和三次指数平滑。大多数时间序列的趋势变化有三种情形,即水平趋势、线性趋势和二次曲线趋势。这三种趋势都可以用合适的指数平滑来预测,即水平趋势用一次平滑,线性趋势用二次平滑,二次曲线趋势用三次平滑来预测。

一次指数平滑法的计算公式为

$$S_t^{(1)} = aY_t + (1-a)S_{t-1}^{(1)} \quad t=1,2,\cdots$$

式中 $S_t^{(1)}$——一次指数平滑值(当括号内数字为 2 或 3 时,为 2 次或 3 次指数平滑);

a——平滑系数（也称为加权系数）（$0<a<1$，根据经验而定，一般取 $0.1 \sim 0.3$）；

Y_t——t 期的实际客流量。

水平趋势预测——一次指数平滑公式为

$$Y\hat{}_t = S_t^{(1)} \quad t=1, 2, \cdots$$

式中 $Y\hat{}_t$——第 t 期预测量；

$S_t^{(1)}$——当前时期 t 时的一次平滑值。

从公式中可以看出，一次指数平滑用来进行客流预测的优点是：只要有本期客运量实际完成数、本期客运量的预测数和一个合理的 a 值，就能做出下期的客运量预测。对于平滑系数 a 取值的大小，可以根据过去的预测值与实际值比较而定。差额大则 a 值应取大些，反之则 a 取小一些。通常 a 值的取值范围在 $0.1 \sim 0.3$ 之间。由于一次指数平滑只能预测一期的客运量，所以这种方法只适用于短期预测。若要向前预测今后若干期的客运量，就需要用二次指数平滑法。

二次指数平滑法是对一次指数平滑的数据再做一次指数平滑。它不直接用于预测，只用于估计直线趋势模型的参数，然后再建立预测方程进行预测。同样，还可以进行三次指数平滑，用于估计曲线趋势模型的参数。

在一次指数平滑的基础上得二次指数平滑的计算公式为

$$S_t^{(2)} = aS_t^{(1)} + (1-a)S_{t-1}^{(2)}$$

式中 $S_t^{(2)}$——第 t 周期的二次指数平滑值；

$S_t^{(1)}$——第 t 周期的一次指数平滑值；

$S_{t-1}^{(2)}$——第 $t-1$ 周期的二次指数平滑值；

a——平滑系数。

二次指数平滑数学模型为

$$Y\hat{}_{t+T} = a_t + b_t T \quad T=1, 2, \cdots$$

$$S_t^{(2)} = aS_t^{(1)} + (1-a)S_{t-1}^{(2)}$$

$$\begin{cases} a_t = 2S_t^{(1)} - S_t^{(2)} \\ b_t = \dfrac{a}{1-a}(S_t^{(1)} - S_t^{(2)}) \end{cases}$$

式中 a_t 和 b_t——平滑系数；

T——预测期数。

②月度比例系数法。基本思路是根据客流变化的月度循环特征和规律性预测未来月份的客流。

③曲线趋势法。趋势预测法就是根据实际资料，研究现象数量变化的规律，以便预测这些现象将来发展趋势的一种方法。现象数量变化的规律性就其数量表现来说，是可以从其变化的增长量或增长速度显示出来的。可以从动态数列中确定其数量增长的基本类型，再用合适的曲线把它变动的趋势加以描述。资料的曲线配合不能完全描述现象的趋势，只有从分析现象本身的发展特点出发，正确判断变化的基本类型，才可能有效地运用曲线配合的方法预测趋势的发展。

如果现象的发展大体上是按每期以相同的增长速度增减变化，则这种现象发展的基本趋势是指数曲线形。指数曲线的方程式为

$$y = ab^x$$

其中，a、b 都是待定参数，a 表示基期的初始水平，b 表示现象的一般发展速度，即 x 年的变量 y 等于初始水平乘以一般发展速度的 x 次方。

对上式两边取对数可得

$$\lg y = x \lg b + \lg a$$

设 $y' = \lg y$，$A = \lg b$，$B = \lg a$，则 $y = ab^x$ 可化为：$y' = Ax + B$，可以按直线配合的方法确定所需要的指数曲线。

如果现象的发展是按每期增长量的增长大体相同的增减变化，则这种现象发展的基本趋势是抛物线形。抛物线的一般方程式为

$$y = ax^2 + bx + c$$

这种现象发展的特点是，每期都有增长变化。但是这种变化既不是按相同的增长量，也不是按相同的增长速度，而是表现在增长量的变化上，即每期的增长变化量相同。

（2）因果关系客流预测方法　由于客流的变动与经济和非经济的因素之间存在密切的关系，并且这些因素之间又都是相互影响的，因此可以通过研究影响客流的因素来预测未来的客流。这类方法与时间序列客流预测方法的区别在于前者的自变量是时间，而后者的自变量是除了时间以外的其他因素。这类方法的主要优点是能够考虑较多的对客流可能产生影响的因素，揭示引起客流变化的原因。同时在数据量足够多的情况下，常能得到较好的预测精度。这类方法的主要缺点是由于自变量的选择、有关参数的确定本身带有主观性和预测性，存在着预测的标准性会受到影响的可能。常用的因果关系客流预测方法有回归预测法、引力模型和乘车系数法等。

① 回归预测法。回归预测法是相关预测法通过分析事物之间的因果关系和影响程度进行预测，通过运用数理统计学理论来建立预测未来的模型。回归预测的大体步骤是：搜集分析统计数据，确定数学关系式；进行参数估计和相关检验；根据求得的回归方程和自变量的预测，预测未来运量，并分析精度。回归预测方程有一元线性回归、一元非线性回归和多元线性等几种。这里介绍使用一元线性回归方程来解决预测的问题。

如果影响预测客运量变化趋势的众多因素中，只有一个因素（比如人均收入）是主要的、起决定性作用的，且两者之间的因果关系呈线性关系，则可以采用一元线性回归方程进行预测。

其预测公式为

$$y = a + bx$$

式中　y——预测客流量；
　　　x——时间周期数；
　　　a、b——待定系数。

根据图 4-3，其数学公式应为：取其任意两个点的坐标 A 点 (x_0, y_0) 和 B 点 (x_1, y_1)，这两点可唯一确定出一个直线方程 $y = f(x)$。用这一对数值 (x_0, y_0) 和 (x_1, y_1) 求得 $y = f(x)$ 的近似值。由于受各种偶然因素的影响，会有较大的误差。

在 $y = a + bx$ 中，只要确定了 a、b 这两个待定参数，即可预测任意一个时间节点的客流量。

② 引力模型。引力模型因数学关系式与物理学的万有引力定律近似而得名。在研究地区间人的流动问题时，研究者

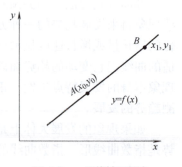

图 4-3　一元线性回归法

发现人的流动数量似乎都是正比于地区人口的总数而反比于地区间的距离，于是提出了引力模型来预测客流。

③ 乘车系数法。这是一种传统的客流预测方法。乘车系数法是一种通过总人口和人均乘车次数来预测乘客发送量的方法。乘车系数是一定吸引范围内乘客发送量与总人口的比值，它可根据历年资料和可能发生的变化确定。

四、城市轨道交通客流预测在车站客运组织中的应用

根据客流的影响因素，车站可预先对可能出现的客流变化进行大致估计，并以此为依据，提前做好客运组织相关的人员、备品和设备等方面的安排，有计划、有准备地开展大客流疏导工作。因此，进行有效的客运组织需把握以下要点：

1. 提前进行必要的信息收集

要消除地铁客流预测行业的壁垒，充分引入互联网+智慧城市大数据或地面交通信息服务技术进行客流预测。如提前得知节假日、假期安排；学校周边车站要注意获得学校放假、开学的具体日期；与大型体育场馆、展会中心建立互通机制，提前掌握其举行大型活动的信息；关注天气情况，遇雨、雪天气，要预先安排人员关注闸机、站台等位置，确保安全；同时要定期搜集周边的公交线路是否有改线或调整，以便随时把握客流变化。

2. 提前制订重点车站的大客流客运组织方案

客运组织方案要明确调度安排、明确部门职责、详细设置人员的数量和岗位。车站要提前学习客运组织方案并按计划做好准备工作，以保证能够从容应对突增的客流。

3. 合理安排岗位人员

在进行大客流节点运输的过程中，车站要根据客流预测数据提前组织足够数量的支援、引导员。南京地铁在每个大客流节点到来前一周，都要对重点车站的人员布岗进行一系列的调整。首先，根据客流预测数据开设足够的售票窗口、在关键疏导环节设置相应的引导员，并在站台部位增派人力以保障上下客秩序；而后根据岗位所需人员数量进行人员调整，保证人手充足。

4. 借助媒体发布运营信息

对大客流期间的运营安排、运营调整信息等，地铁运营方可提前在媒体上进行发布，通过向乘客传递运营信息，以最大限度地争取乘客对运营工作的配合，从而在一定程度上减轻车站客流疏导的压力。例如乘客可以通过成都地铁 APP 上发布的各车站拥挤度，提前选择出行路径，如图 4-4 和图 4-5 所示。

5. 充分利用车站 AFC 系统进行客流预测

准确预测大型活动期间城市轨道交通客流是城市轨道交通管理与运营部门制订运输组织计划的重要依据，也是实现活动期间交通保障的关键，在分析大型活动期间城市轨道交通历史客流特征的基础上，针对活动期间的客流成分，分别构建活动客流与背景客流预测模型，以实现对未来大型活动期间城市轨道交通客流的预测。城市轨道交通 AFC 系统可按照两阶段双比例的方法，根据出行阻抗，把客流分到线路的各个断面，并由此生成 OD，按照分析的结果，最终得到各车站客流量。基于 AFC 系统采集到的客流数据，分析大型活动期间的历史客流数据的变化规律，并依据其客流特征进行成分分解。最后针对活动客流，构建客流预测模型并进行客流预测。

图 4-4　成都地铁 APP 界面

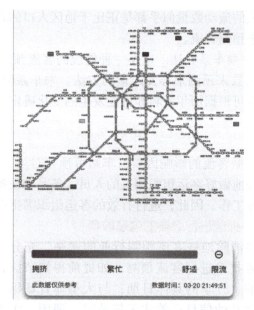

图 4-5　成都地铁 APP 拥挤度图

创新能力培养:"5G+ 智慧城轨"——信息化客流预测平台系统

"进博会 5G+ 智慧地铁平台"在上海地铁 2 号线徐泾东站正式上线。该系统除可实时监测、预测客流数据外,还能测出列车重量。此平台能够实时监测"三线三站"的客流信息和进博会场馆的客流数据,结合历史数据进行分析预测,准确预测未来 15min 的客流情况,比如可预测排队时间等。通过此平台还可以更有效地判断当日运营组织和工作计划,必要时提前启动客流应急管理预案,提前通知乘客更换乘车路线等。"进博会 5G+ 智慧地铁平台"不仅能够获取"人"的信息,还能实时获取车辆称重信息,从而计算列车运能,当客流与运能不匹配时,及时给出黄色、橙色、红色三色预警,并给出开启疏散通道建议、闸机或电扶梯等设备运行方式建议、出入口开启关闭建议以及地面客流疏散引导建议等,如图 4-6 所示。

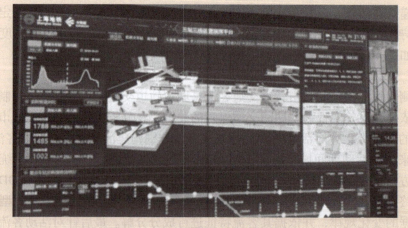

图 4-6　上海进博会 5G+ 智慧地铁平台

案例分析——成都地铁1号线客流预测

成都地铁1号线是成都地铁建成运营的第一条地铁线路，是我国西部地区开通的首条地铁线路，2010年9月27日成都地铁1号线一期正式开通试运营；2015年7月25日开通运营二期工程（世纪城站至广都站）；2018年3月18日开通运营三期工程（韦家碾站至升仙湖站、四河站至科学城站、广都站至五根松站），代表色为蓝色，如图4-7所示。

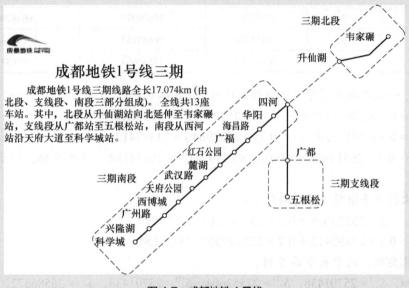

图4-7　成都地铁1号线

成都地铁1号线起于韦家碾站，途经金牛区、成华区、青羊区、锦江区、武侯区、双流区，主线止于科学城站，支线止于五根松站。全长为41km，全为地下线；共设置35座车站，全部为地下车站。

成都地铁1号线三期是成都地铁首条包含支线运营的"Y形"运营线路，采用韦家碾至五根松、韦家碾至科学城1∶1开行的行车组织方式。韦家碾站至科学城站单程运行时间约为69min，旅行速度约为32km/h，高峰最大上线列车62列，共线最小行车间隔为2min。

成都地铁1号线采用中车四方车辆有限公司制造的4动2拖6节编组B型列车，列车高度为3.8m、宽为2.8m，长度为19.52m，定员载客数量为1468人，超员载客数量为1880人，高峰时期每小时单向输送旅客能力为4.4万人次，设计速度为80km/h。地铁列车外表采用轻量化不锈钢车体，车辆前方悬挂成都地铁的标识，车身两侧也有成都地铁的蓝色飘带，同时，列车的所有材料和设施均达到防火、防灾的国际标准；车内设置有治安视频监视系统，实现车厢、车站的无缝覆盖并与公安部门直接连接。

成都地铁1号线2019年1—7月客流，客运量见表4-5第三列所示，本案例采用指数平滑法预测成都地铁1号线客流11月客流。

表4-5　成都地铁1号线2019年1—7月客流（乘次）

月份	序号 t	客运量 Y_t	一次指数平滑值 $S_t^{(1)}$	二次指数平滑值 $S_t^{(2)}$
	0		25701438	25701438
1月	1	27462130	26229646	25859900
2月	2	20122200	24397412	25421154
3月	3	29519986	25934184	25575063
4月	4	27341386	26356345	25809447
5月	5	27191785	26606977	26048706
6月	6	26114276	26459167	26171844
7月	7	30107290	27553604	26586372

解：一次指数平滑值（保留两位小数）（α 取 0.3）：

$S_1^{(1)} = 0.3 \times 27462130 + (1-0.3) \times 25701438 = 26229646$

$S_2^{(1)} = 0.3 \times 20122200 + (1-0.3) \times 26229646 = 24397412$

$S_3^{(1)} = 0.3 \times 29519986 + (1-0.3) \times 24397412 = 25934184$，以此类推，列于表中第4列。

二次指数平滑值（保留两位小数）：

$S_1^{(2)} = 0.3 \times 26229646 + 0.7 \times 25701438 = 25859900$

$S_2^{(2)} = 0.3 \times 24397412 + 0.7 \times 25859900 = 25421154$

以此类推，列于表中第5列。

可知，$S_0^{(1)} = 25701438$，$S_7^{(1)} = 27553604$，$S_0^{(2)} = 25701438$，$S_7^{(2)} = 26586372$，$\alpha = 0.3$，则

$$a_t = 2S_t^{(1)} - S_t^{(2)} = 2S_7^{(1)} - S_7^{(2)} = 2 \times 27553604 - 26586372 = 28520836$$

$$b_t = \frac{\alpha}{1-\alpha}(S_t^{(1)} - S_t^{(2)}) = \frac{0.3}{1-0.3} \times (27553604 - 26586372) = 414528$$

所求模型为

$$\hat{Y}_{t+T} = a_t + b_t T = 28520836 + 414528T$$

成都地铁1号线11月客流为：

$$\hat{Y}_{7+4} = 28520836 + 414528T$$
$$= 28520836 + 414528 \times 4 = 30178948（乘次）$$

项目五

城市轨道交通车站客流组织疏导

学习导入

城市轨道交通的车站是连接轨道线网的节点，是乘客乘降轨道交通必经的通道。考虑车站建设成本因素，车站空间有限，如何利用现有空间，设计合理的车站客流组织方案，有序、畅通、安全地组织乘客乘降是车站客流组织的重要内容。为此，在进行车站客流组织时应遵循以下原则：

① 尽量避免各种流线相互交叉干扰。合理安排售检票位置、出入口、楼梯，使行人流线简单、明确，力求将进站乘客流线与出站乘客流线分开，进出站乘客流线与中转乘客流线分开。

② 最大限度地缩短乘客走行距离，避免流线迂回。一般来讲，应首先保证流量最大的乘客流线最便捷通畅，流程距离最短；对于流量不大的其他乘客流线，也应根据其特点，尽量缩短其流线距离，避免迂回。

③ 完善车站内外乘客导向系统，使乘客快速分流，减少客流集聚和过分拥挤的现象。

④ 保证客流秩序可控、疏散有力。密切关注客流变化情况，确定客流警戒线，当客流达到或超过警戒线时及时采取限流措施，并配备各类突发事件应急系统。

⑤ 满足乘客方便性、舒适性等基本要求。如：确保站内及换乘连廊内舒适的环境、开阔的视野，为残疾人提供无障碍设施等。

以上客流组织的基本原则也是评价客流组织合理性的重要方面。

任务一　城市轨道交通车站日常客流组织疏导

任务目标

1. 掌握出入口客流组织。
2. 掌握车站日常客流组织的售检票组织和乘降组织。
3. 掌握车站雨雪天气客流组织。
4. 掌握车站常态化客流控制（主动限流组织）。

知识课堂

一、车站出入口客流组织

① 组织引导乘客经出入口、楼梯、自动扶梯（或垂直电梯），通过通道进入车站站厅层非付费区。该部分客流组织的关键环节是出入口客流组织。地下车站出入口一般均设置电扶梯和楼梯，电扶梯的方向可以根据需要进行调整，如果只有一部电扶梯时，一般将该部电扶梯调为向上方向，为出站乘客提供便利，避免出站乘客爬楼梯，并利于出站乘客快速疏散。楼梯根据宽度和该出入口客流大小设置相应的隔离栏杆。出入口客流组织应结合实际的客流大小情况，当车站设施能够满足客流需求时，采用正常的客流组织方法，各个出入口全部开放，进出站客流不需隔离分流，进出站乘客在楼梯上可混合行走。当出入口客流较大时，在出入口楼梯、通向站厅层的通道内设置分流隔离设施，确保进出站客流不相互干扰，不发生客流冲突。

② 对于经过通道与站厅连接的出入口，当客流较大时，可在通道内进行组织排队，当客流过大时，需采取在出入口限流，分批放行乘客进站或临时关闭出入口。为了在预测客流较大的出入口设置限流栏杆，通过限流栏杆可减缓乘客的进站速度，并便于限流措施的实施，如图5-1所示。

图 5-1　成都地铁出入口限流

③ 对于与商场、物业连接的出入口，应考虑客流组成和出行特征，当客流较大时，应根据双方协议与相关单位共同制订的措施组织客流。与商场物业结合的出入口通道需与接入物业方商谈确定出入口开关时间，签订双方认可的协议，便于物业结合出入口的统一管理。

二、售检票客流组织

1. 售票组织

① AFC系统启用后，乘客购票时可选用半自动售票机或自动售票机购票，在半自动售票机前应组织乘客有序排队购票、充值。购票客流组织的关键环节是通过合理设置导流设施，使乘客有序排队购票，并且购票队伍不影响正常进出站客流。

② 在自动售票机或票亭前组织乘客有序排队购票、充值，车站一般可利用导流带、活动围栏等隔离设施进行排队组织，排队方向应不影响其他正常乘客通行为宜。当排队乘客较多时，可在站厅非付费区加开临时票亭，安排人工售卖预制单程票，同时需做好广播宣传和引导，将购票乘客进行分散。

③ 在组织自动售票机、临时票亭购票时，要尽可能充分利用各类售票点，将乘客分散购票，避免乘客大量集中于少量售票点处。当需要乘客排队购票时，可利用迂回隔离栏杆在站厅客流较少的空间组织乘客排队。

④ 在单程票售票量较大的车站，运营前需将自动售票机票箱加满，运营期间通过车站级票务计算机实时监控自动售票机内票箱票卡数量，利用客流低峰时段，对车票较少的票箱进行填补，在票亭半自动售票机上预处理车票，高峰时就不用再更换票箱和预处理车票，减少对高峰期购票速度的影响。

2. 检票组织

① AFC 系统启用后，乘客进出车站时均需检票。在进行监票组织时，应遵循出站优于进站的组织原则。

② 进站组织时，应组织乘客由进站闸机进站，提示乘客注意进站闸机上方均显示表示设备正常的绿色箭头。

③ 乘客刷卡进站时，应指导乘客右手持票，站在闸机通道外，按顺序刷卡进站。

④ 对于无票乘客，引导其至自动售票机或半自动售票机购票再检票进站。

⑤ 当大量乘客集中进站时，要组织乘客排队进入，避免在闸机前出现争抢现象以及乘客因操作不正确或车票问题无法通过而造成的拥堵现象。

⑥ 在乘客排队进站时，队伍不能阻挡出站通道和路径，以确保出站乘客能够顺利出站。

⑦ 出站组织时，应组织乘客由出站闸机出站。

⑧ 对于持有大件行李或行动不便的乘客，引导其由宽通道闸机通过。

⑨ 对于携带儿童的乘客，提示其儿童先于成人进入闸机通道。

⑩ 闸机分为进站闸机、出站闸机和双向闸机。进站闸机和出站闸机按照设定方向使用。双向闸机可根据客流状况进行调整，调整时需保证优先满足出站客流需求，同时尽量减少进出站客流的交叉，提高通行能力。

三、乘降客流组织

① 当乘客到达站台后，应向乘客宣传根据车门标识线的位置排队等候。

② 对于没有站台门的车站，应宣传"请站在黄色安全线以内候车，不要探身瞭望，以免发生危险"。

③ 当列车进站时，应关注乘客安全。有站台门的车站，要防止乘客倚靠或手扶站台门，避免站台门开启时乘客被夹伤或摔倒。没有站台门的车站，要确保乘客均站在黄色安全线以内，特别要注意站台车尾位置，避免有乘客跳下或跌下站台，发生危险。

④ 列车门开启后，应组织乘客先下后上，请候车乘客站在车门两侧，待下车乘客下车后，再上车，避免乘客拥堵，提高乘降效率。

⑤ 当关门提示铃响后，应阻止乘客抢上抢下，请其等待下次列车，防止车门夹伤乘客和影响列车正点发车。

⑥ 当车门关闭后，要观察车门关闭的状况，当发现车门或站台门未正常关闭时，若由于乘客或物品被车门夹住时，应协助取出并劝导乘客等候下次列车或征求乘客同意后帮其完全进入车厢；若为设备原因，应按相关作业办理程序进行处置。

⑦ 对于楼梯边缘与站台边缘较近的情况，应尽量疏导乘客不要在此处滞留，保证足够的通行空间，防止此处拥挤，出现意外。

⑧ 加强对站台四角的巡视，防止乘客进入区间。

⑨ 乘客物品掉入道床，要阻止乘客跳下站台捡拾物品，及时使用工具为乘客提供拾、捡服务。

四、雨雪天气客流组织

① 站务员要经常巡视出入口的地面,观察天气状况。
② 在出入口铺设防滑设施、及时清理站内湿滑地面及出入口积雪,避免乘客摔伤。
③ 加强排水沟的巡查,及时清理淤塞。
④ 加强出入口处的宣传疏导,提高乘客出站速度,并提示乘客防止滑倒。
⑤ 地面线及高架线车站要密切关注车站建筑设施漏雨及潲雨情况,采取有效的措施进行控制,向乘客做好宣传解释工作,保证乘客乘降安全。
⑥ 当出现雨雪等恶劣天气时,运营单位应采取铺设防滑垫、设置防滑、防拥堵提示等必要措施,加强广播提示和现场疏导;站内或出入口乘客聚集可能造成客流对冲等情况时,可调整自动扶梯运行方向或暂时关闭自动扶梯,危及乘客安全时,可暂时关闭出入口。

五、常态化客流控制(主动限流组织)

常态化客流控制是根据车站、本线或线网的客流情况,在日常或节假日固定时间内启动客流控制。线网指挥中心负责定期收集、分析线网 OD 数据,客运管理部门牵头定期分析客流数据、查找客流规律,调整常态化限流线路、车站、限流强度及时段,并经客运服务专题会审核后下发常态化客流控制的通知。工作日或节假日固定高峰时段内,在大客流站实施常态化客流控制,采取主动计划性控制取代被动应急性控制,掌握控制先机,确保整个线网客流组织的安全、有序。常态化客流控制车站按照通知要求做好预想、提前安排,确保联控安全有序,发挥实效,并在进行客流控制时突发客流变化,车站可对本站客运组织措施进行调整并告知行调。

1. 常态化客流控制宣传途径

以微博、微信、告示为载体,若客流组织调整,原则上在调整前三天开始对外发布。通过微博、微信、告示提前告知乘客常态化限流实施的线路、车站、日期、时段,提醒乘客合理安排时间、错峰出行。

2. 常态化客流控制要求

① 常态化客流控制原则上应按照预告信息,启动、结束客流措施。若有约 10min 以内的提前或延后,车站做好现场解释工作,避免引起舆论。
② 使用活动围栏栏杆设置回形阵的车站,不能提前设置致使乘客在限流实施前就在出入口或站内绕行。客流控制完毕后,车站需立即撤除相关客运物资,不能妨碍正常时段乘客的通行。
③ 实施客流控制时,需关注老、幼、病、残、孕等特殊乘客,开辟绿色通道主动引导特殊乘客乘车。
④ 若遇突发大客流,常态化客流控制车站控流措施、执行时间有明显变化时,车站需及时报备所属客运分部门,及时调整客运组织,做好现场乘客解释工作。
⑤ 若受到新线开通、客流自然增长等因素影响,各运营分公司应及时提报调整常态化客流控制站点及信息的申请,由客运管理部门及时更新对外常态化客流控制时段表及站内告示。
⑥ 常态化控流车站若超出既定时间范围,或客流控制级别超出常态化客流控制措施,仍需按流程上报。
⑦ 车站应对客流控制措施的实施效果持续进行评估,可以取消的,应及时取消。

任务二　城市轨道交通车站换乘客流组织疏导

任务目标

1. 掌握换乘方式的分类。
2. 掌握换乘站客流组织的特点及原则。
3. 掌握各换乘方式客流组织的方法。
4. 掌握换乘站客流组织的评价指标及优化。
5. 了解城市轨道交通与其他交通方式的换乘与接驳。

知识课堂

地铁车站各类换乘方式

一、换乘方式

1. 按照换乘前后是否结算付费划分换乘方式

客流换乘方式主要有两种，即付费区换乘和非付费区换乘。

（1）**付费区换乘**　乘客到达换乘站下车后，不需要通过出站闸机，直接在付费区内根据换乘导向标识指引经楼梯、自动扶梯（或垂直电梯）、换乘通道或平台等到达另一站台层换乘候车。付费区换乘一般采用同站台平面换乘、站台立体换乘、站厅换乘及通道换乘等方式。这种换乘组织要求良好的引导标识和通道设计，在容易出错的地点安排工作人员引导，保证乘客尤其是初乘者安全顺利地完成换乘。

（2）**非付费区换乘**　乘客到达换乘站下车后，根据导向标识指引，经楼梯自动扶梯（或垂直电梯）到达站厅层付费区，通过出站闸机进入非付费区或出站，到另一线路重新进入付费区进站换乘。非付费区换乘较多采用站外换乘方式，少数采用站厅换乘或组合换乘方式。非付费区换乘接近完成出站和进站两个流程，因此这种换乘组织需要最大限度地缩短乘客的走行距离，设置良好的衔接引导标识，避免这部分客流与其他客流过多地交叉干扰。

2. 按照线路走向和交织方式的不同划分换乘方式

由于地铁换乘站的结构不同，形成不同的换乘方式，一般分为六种类型：同站台换乘、结点换乘、站厅换乘、通道换乘、站外换乘、组合换乘。其中组合换乘方式又分为同站台换乘，辅之以站厅或通道换乘方式；岛式站台中结点换乘，辅之以通道换乘方式，如图5-2所示。

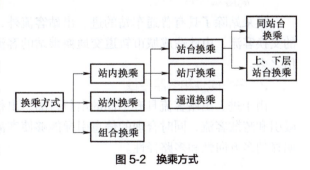

图5-2　换乘方式

二、换乘站客流组织的特点及原则

（一）换乘乘客心理需求及行为特征

由于换乘客流在车站客流构成中占主导地位，所以了解换乘乘客的行为特点，有助于对城市轨道交通车站换乘空间进行人性化设计，并准确有效地组织换乘客流。换乘行为特征包括乘客的心理需求和行为特征。

1. 乘客的心理需求

（1）**方便性**　乘客对换乘时间有一定的心理可接受度，换乘时间过长会产生焦虑心理。参照香港地铁的研究，如能将换乘通道长度控制在60m以内，换乘时间是适宜的。

（2）**顺畅性**　由于城市轨道交通车站内空间有限，上、下客流的最短路径存在交叉，会使乘客在局部空间发生一些交叉和碰撞。换乘流线应顺畅，尽量减少不必要的绕行，换乘设备设施摆放位置和方向应与流线一致，减少客流交叉和冲突，同时换乘路径中的设备设施的通过能力要匹配，从而避免能力瓶颈带来的拥堵。

（3）**舒适性**　换乘站设施能力应适应客流需求，设施拥挤会降低乘客出行的舒适度。另外，配有自动扶梯或自动步道也会降低换乘的心理不适感。

2. 行为特征

（1）**离散性**　城市轨道交通面向大众，个人习惯和心理状态的差异导致个人行走路线存在一定的离散性。

（2）**简单化**　要求保证换乘设施空间布局的紧凑性、明确性，因为地下空间的封闭性，很容易使人失去方向感。因此，应尽量减少对换乘路径的选择性，从而减少乘客的站台滞留，提高站台的疏散速度，如岛式站台较侧式站台就具有这方面的优势。

（3）**就近性**　在换乘路径上人们习惯选择最短路径，如到达站台时，倾向就近选择换乘车厢，由此易导致站台换乘客流分布的不均衡。

（4）**快走性**　前方客流行走速度较快，期望尽快进入换乘设施，导致换乘路径上客流速度分布的不均衡。乘客行为受站内导向系统影响很大。行程紧凑的乘客在枢纽内的流动受站内导向系统影响很大，如广播、指示牌等，同时对扶梯或是人行楼梯的选择可能因为设施上人流密度而有所不同。可以利用此特点拉开换乘客流间距，以延缓换乘楼梯前的聚集程度，减少短时冲击。

（二）换乘站客流组织的特点

换乘站客流特点反映的是客流整体表现出来的特性。由于换乘站的客流既有进出站客流，也有换乘客流，因此，换乘站客流组织往往是地铁运营的重点和难点。

1. 高度集中性

换乘站除了具有普通车站的进、出站客流外，还汇集有相交线路甚至全网多座车站之间的交换客流，由此造成城市轨道交通换乘站的客流集中，其数值往往是普通车站客流量的数倍之多。

2. 多方向性和多路径性

由于进、出站客流具有不同的出行目的、出行方向，适宜的换乘设施、设备布局有利于吸引和疏散客流，同时合理的信息引导能够使客流更加有序，因此城市轨道交通客流表现出明显的多方向性和多路径性。

3. 主导性

在城市轨道交通换乘站的客流构成中，通常换乘客流占主导，而在某一时段的多种换乘方向中，同样存在主导换乘方向。因此，在车站设计和管理中应突出对主导客流的关注。

4. 方向不均衡性

同一时段、不同地铁站的客流量会存在较大的差异，例如，外围线路与城区线路相接的换乘站早高峰以进城方向为主，两方向比例可高达几倍；在晚高峰则相反。这种方向的不均衡性会影响设施的利用率，因此，当采用通道换乘时，双向组织较单向组织更有利于均衡通道利用；相应地，岛式站台与侧式站台相比，其对客流的调节能力更强。

5. 时间不均衡性

高峰小时客流需求是影响换乘站规模、设施设备能力等关键参数选取的主要依据，因此对高峰小时系数的把握十分重要。不同区域、不同功能类型的车站高峰系数不同，一般外围区高于中心区，通勤服务类型高于生活服务类型。

6. 短时冲击性

城市轨道交通客流的到达并非连续均衡的，而是随列车的到达呈现脉冲式的分布规律，也就是在短时间内对换乘设施会产生冲击作用。这种冲击作用形成是对城市轨道交通换乘能力的最大考验。由于短时冲击的存在，使一批客流到达时，易在设施前形成拥堵和客流排队，当拥堵人数较多时，将会带来较大的安全隐患。

（三）换乘站客流组织原则

鉴于换乘站客流的特性，在进行换乘客流组织时，应注意通过调整设施布局、设置导向标识等措施，避免或减少换乘客流与进出站客流的交叉干扰。

① 随时掌握客流变化规律，经常统计分析客流量，监视客流的骤变，同时密切注视乘客的安全状况。

② 合理设计乘客流动路线，在站台、楼梯、大厅处尽量减少客流交叉和对流，并设计标线，要求乘客在楼梯上尽量靠右行走，在扶梯上站立，有序上下。

③ 在客流容易混行的区域，如大厅或楼梯等处，需设置必要的安全线或栅栏隔离，以免流向不同的乘客互相干扰。

④ 引导乘客在换乘通道内单向流动，以免双方向大客流相互冲击。

⑤ 完善、统一导向标识系统，准确快速地分散客流，避免乘客交叉聚集和拥挤。

⑥ 应尽量为乘客提供方便，减少进出站、换乘的时间及距离。

⑦ 应有站内空气、温度调节设备，并设置无障碍通道。

⑧ 应建立完善的突发事件应急客流组织和统一的调度指挥系统。

三、各换乘方式下的客流组织

客流流线复杂，容易产生进站客流、出站客流和换乘站客流交叉、对流，甚至各流线间严重干扰，导致客流组织效率不高，服务水平难以提升。若对客流导向及服务设施、自动售票机、闸机、限流栏杆等设备布局不合理，突发大客流情况下易引发拥堵。大型换乘站的通道有时会与地下商场连通并兼作社会通道，非乘客客流（如过街、参观或购物）的组织和引导易被忽视。

下面对比较常见的站台换乘、站厅换乘、通道换乘、站外换乘和组合换乘等换乘方式的客流组织阐述如下：

1. 站台换乘客流组织

（1）同站台换乘　同站台换乘是指两条不同线路的站线分设在同一站台的两侧，乘客可同站台换乘。这种换乘方式适用于两条平行交织的线路，为了方便客流组织宜采用岛式站台设计，要求站台能够满足换乘高峰客流量的需要，乘客从站台一侧下车走到另一侧乘车，换乘时间最短。同站台换乘方式双岛式站台可以实现四个方向的客流在同站厅换乘，单岛式站台每一层只能实现两个方向的客流同站台换乘，其余换乘方向的乘客仍然要通过站厅或自动扶梯、楼梯进行换乘，换乘时间相应增加。在所有的换乘方式中，同站台换乘的换乘能力最大，适用于优势方向换乘客流较大的情形。这种换乘方式的主要制约因素是站台的宽度与列车行车间隔，因此客流的合理组织还与站台宽度及列车行车间隔密切相关。武汉地铁中南路站和洪山广场站就实现了 2 号线和 4 号线不同方向的列车全部同站台换乘，如图 5-3 所示。

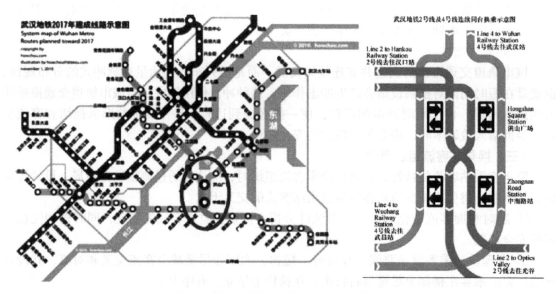

图 5-3　武汉地铁连续两站同站台换乘示意图

香港太子站、旺角站是地铁荃湾线和观塘线之间的两个连续换乘站。在一期工程建设时，就将它们的换乘站按两层结构进行设计和建造，通过在两条线路的站间设置立体交叉，从而使所有方向的换乘都能在同一站上实现，如图 5-4 所示。

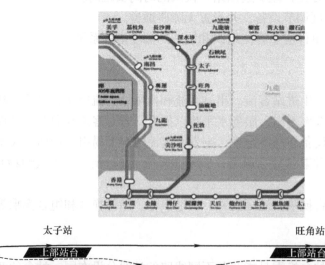

图 5-4　香港地铁连续两站同站台换乘示意图

① 双岛四线换乘：是由城市轨道交通中两条并行线路构成的换乘站，是同站台换乘车站的主要形式。它将两条运营线路的上行线布置在一个站台上，将两条下行线布置在另一个站台上。乘客下车后在本站台即可换乘另一条线同方向行驶的列车，使用非常方便。这种形式的车站在两个站台的端部设有一条单渡线，作为两条线的联络线，用于调转运营列车，如图 5-5 所示。

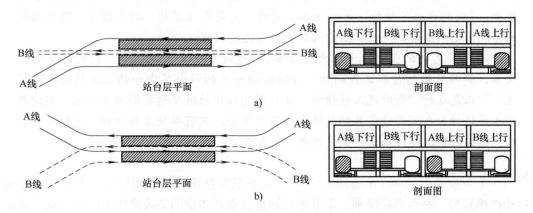

图 5-5 双线四线车站平面和横断面图

② 双岛五线换乘：双岛五线换乘站由双岛四线车站演变而来。在某些城市为了使盾构机能够通过车站需扩大中间两股道的线间距，故在两股道中间增加了一条停车线，形成了双岛五线式车站。图 5-6 是由两条相互交叉线路构成的双岛五线换乘车站的平面和横断面图：A 线的两股道设在中间，B 线的两股道设在外侧两线在站外进行立体交叉。在站台右端设置了两条单渡线，既可作为 A、B 两条线的联络线，也可通过该渡线组织列车共线运营。车站中间的停车线可用于停放 A 线的故障列车，或在降级运营时供列车折返。为了增加停车线的灵活性在其两端设置了单渡线和交叉渡线。

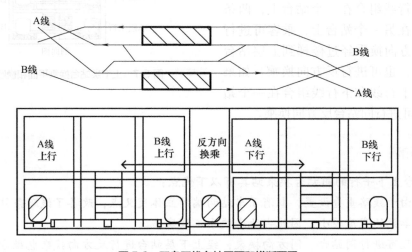

图 5-6 双岛五线车站平面和横断面图

> **特色亮点：新时代工匠精神**
>
> 对乘客而言，同站台换乘应该是最方便快捷的。但越是方便的换乘方式，建设的时候难度与成本也越大。成都地铁中医大省医院站作为三线换乘的车站，在修建过程中，为了实现同站台换乘，克服了众多难题，充分发扬了地铁人的"新时代工匠精神"。工匠精神，是指工匠对自己的产品精雕细琢，精益求精、更完美的精神理念。"新时代工匠精神"是一种职业精神，它是职业道德、职业能力、职业品质的体现，是从业者的一种职业价值取向和行为的表现。
>
> 习近平总书记在党的十九大上提出："建设知识型、技能型、创新型劳动者大军，弘扬劳模精神和工匠精神，营造劳动光荣的社会风尚和精益求精的敬业风气。"正是这种"新时代工匠精神"让我国的城市轨道交通能够领先全球。新时代的工匠精神与我国高速发展的科技水平密不可分，只有弘扬工匠精神、践行工匠精神，祖国的轨道交通事业才能更好更快地发展。

（2）上下层站台换乘（单岛四线换乘） 上下层站台换乘是指乘客由一个站台通过楼梯或自动扶梯到另一站台直接换乘。上下平行站台换乘是将供两条线路使用的车站站台采用上下平行的立体布局的形式，即将站台同平面换乘方式中的两个岛式站台上下叠置，一个岛式站台位于另一个岛式站台的正上方，形成行列式的站位。这种换乘又称为单岛四线同站台换乘车站，是由双岛四线车站变化而来的。两个岛式站台分成上下两层重叠设置，由此形成了单岛三层同方向换乘车站，如图5-7所示。

与站台同平面换乘站相比，站台上下平行换乘站的使用更加灵活。如果将A、B两条线的上行线组合在一个站台上，两条下行线组合在另一个站台上，乘客可进行同站台、同方向换乘经过楼梯到上层站台或下层站台，也可进行反方向换乘。如果将两条线的上行线和下行线组合在一个站台上，乘客可进行同站台反方向换乘。

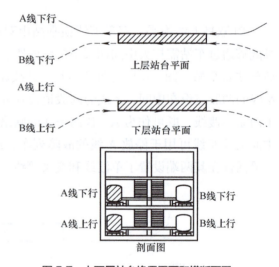

图5-7 上下层站台换乘平面和横断面图

> **小知识**
>
> 站台上下平行的同站台换乘站具有以下优点：
> ① 由于线路重叠设置，取消了车站两端的立体交叉点，改善了线路条件。
> ② 车站的宽度较小，因此占地少便于工程实施。
> ③ 既可进行同站台、同方向换乘，经上下层站台进行反方向换乘也很方便。
> ④ 通过线路组合也可进行同站台、反方向换乘。
> ⑤ 土建工程量小，工程造价低。

2. 站厅换乘客流组织

站厅换乘是指乘客由一个站台通过楼梯或自助扶梯到达另一个车站的站厅或两站共用站厅，再通过站厅前往另一端站台乘车的换乘方式。乘客下车后，无论是出站还是换乘，都必须经过站厅，再根据导向标识出站或进入另一站台进行换乘。由于下车客流只朝一个方向流动，减少了站台上人流交织的情况出现，乘客行进速度快，在站台上的滞留时间减少，可避免站台拥挤，同时又可减少楼梯等升降设备的总数量，增加站台有效使用面积，有利于控制站台宽度规模，因此，站厅换乘是一种较为普遍的换乘方式。

站厅换乘一般用于相交车站的换乘。它的换乘距离比站台直接换乘要长，很多情况下，乘客在垂直方向上往返行走，带来一定的高度损失。站厅换乘方式与站台直接换乘相比，乘客换乘路线通常要先上（或下）再下（或上），换乘总高度大，换乘距离长。若换乘过程中需要进出收费区，检票口的能力可能成为制约因素。

若站台与站厅之间是通过自动扶梯连接的，可改善换乘条件。由于所有乘客都必须经过站厅进行集散和换乘，因此站厅内客流导向和指示标识以及各种信息显示屏等换乘诱导系统设施的设置便显得尤为重要，它是保证旅客有序流动必备的硬件环境，如图 5-8 所示。

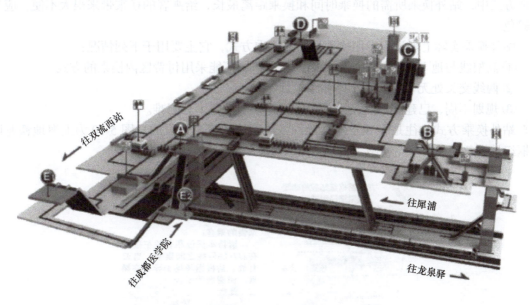

图 5-8 站厅换乘示意图

3. 通道换乘客流组织

通道换乘是指在两个或几个单独设置车站之间设置联络通道等换乘设施，方便乘客完成换乘，如图 5-9 所示。当两线交叉处的车站结构完全脱开，车站站台相距有些距离或受地形条件限制不能直接设计通过站厅进行换乘时，可以考虑在两个车站之间设置单独的换乘通道为乘客提供换乘途径。通道可直接连接两个站台，这种方式换乘距离较近，换乘时间较短。通道还可连接两个站厅收费区，此时即为通道与站厅组合换乘，换乘距离相对较远，换乘时间较长，一般情况下，换乘通道不宜过长，换乘通道的宽度可根据客流状况进行加宽，可设置有一定的坡度，并朝向换乘客流较多的方向。

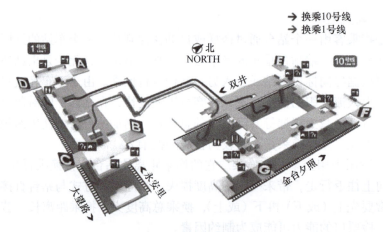

图 5-9　通道换乘示意图

4. 站外换乘客流组织

站外换乘是指乘客在车站付费区以外进行换乘。此种换乘方式往往是客观条件不允许或设计不当造成的。乘客换乘路线可分割为出站行走、站外行走和进站行走三部分。在所有的换乘方式中,站外换乘所需的换乘时间和换乘距离最长,给乘客的换乘带来很大不便,应尽量避免。

站外换乘实际上是没有专用换乘设施的换乘方式,它主要用于下列情况:

① 高架线与地下线之间的换乘,因条件所迫,不能采用付费区内换乘的方式。

② 两线交叉处无车站或两车站相距较远。

③ 规划不周,已建线没有换乘预留,增建换乘设施十分困难。

站外换乘方式往往是客观条件不允许或线网规划不当造成的。图 5-10 为上海地铁龙阳路枢纽站应急地面换乘路径图。

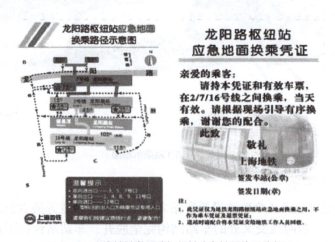

图 5-10　上海地铁龙阳路枢纽站应急地面换乘路径图

5. 组合换乘客流组织

上述换乘方式两种以上组合起来即成为组合换乘。实践中换乘方式往往是几种换乘方式的组合,以便使所有换乘方向的乘客均能实现换乘。其客流组织应按照每种换乘方式因地制宜地进行考虑,并尽量避免不同换乘方式间的交叉,如图 5-11 所示。

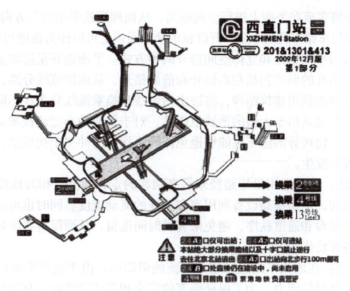

图 5-11 组合换乘示意图

四、换乘站客流组织的评价指标及优化

1. 换乘站客流组织的评价指标

城市轨道交通换乘站客流组织的评价可从换乘站的运行效率和内部设施布局合理性两方面来综合评价。

（1）运行效率指标　运行效率指标包括换乘行走距离、换乘时间、干扰度和便捷度。

① 换乘行走距离（km）：指乘客完成整个换乘过程行走的评价距离。换乘行走距离越小，换乘效率越高。

② 换乘时间（min）：指乘客在站内完成换乘所花费的平均时间，包括换乘步行时间和等候时间。

③ 干扰度（个/m²）：指在换乘过程中各方向客流相互干扰的程度，反映站内交通组织水平。干扰度＝各客流形成的对冲点数/换乘站的计算营业面积。

④ 便捷度（%）：用以衡量站内换乘的难易程度，可以用换乘时间占乘客出行总时间的百分比来计算。便捷度＝（乘客换乘步行时间＋乘客换乘等待时间）/乘客出行的总时间。

（2）内部设施布局指标　内部设施布局指标包括舒适性和安全性。

① 舒适性（m²/人）：可量化为人均换乘面积，衡量换乘设施容纳乘客的能力，反映换乘设施的拥挤程度。舒适性还体现在信息发布的及时性和诱导标识的完善性上。

② 安全性：是体现换乘站使用质量的指标，用来衡量客流组织是否满足乘客乘降的安全要求以及枢纽内发生紧急事故时乘客的疏散措施是否有效等。

2. 换乘站客流组织的优化

城市轨道交通换乘站客流组织的优化可分为客流组织运行效率的优化和内部设施布局的优化。

（1）客流组织运行效率的优化

① 物理切割法：物理切割法可以将进出站客流和换乘客流在空间上进行分割，以减少对冲点。对冲点的减少可以降低干扰度以及换乘时间使换乘方案更优。物理切割法可以借助移

动围栏或其他设施将客流在平面上进行空间隔离,从而理顺换乘站内各方向客流的行走秩序,解决乘客行走习惯与车站布局的矛盾。开辟新的换乘通道也可以作为物理切割法的一种。

物理分割法分为平面错开和立体空间错开两种方式。平面错开是指将地铁车站的流线在平面上相互错开,错开的形式包括左右错开和前后错开,从而使流线分离,减少流线间的干扰。立体空间错开是指利用建筑结构,将进出站流线和换乘流线分布在不同的楼层上。立体空间错开的方式一般仅适用于大型的地铁枢纽站,对于普通的小型地铁车站来说,没有足够的空间结构来实现。物理分割法不仅能够避免流线干扰中的冲突干扰现象,同样能够避免摩擦干扰和阻滞干扰的发生。

② 提高流速法:通过选用最短路径来提高乘客的走行速度,相对地降低乘客对车站设施、设备的占用时间,从而提高设备利用率和流线的流动速度。同时也可以运用站务员、车站公安人员维持各站台和通道秩序,避免乘客长时间逗留,从而保持各区域的畅通无阻,以上措施可以优化各评价指标。

③ 源头控制法:在地铁车站进行超大客流的组织时,由于地铁车站疏散能力不足,造成客流需求大于车站供给能力,为了保证乘客的安全和客流流线的正常运行,需要从源头上对客流进行临时控制。源头控制法则是通过控制各种流线的流量,以达到疏解流线交叉的目的,减少客流对冲的可能性。

出入口通道的单向控制也是一种源头控制法,通过限制进站客流源头,减少站内客流流线间的摩擦干扰。对于进站流线的源头,从延误外移的角度出发,可采用站台客流控制、站厅付费区客流控制、站厅非付费区客流控制等方法,关闭出入口或对部分出入口乘客进入车站进行限制来实现对客流源头的控制。对于出站流线的源头,车站协调组织各线运营计划,依据各线高峰时段客流量制订各方向列车到发点,应尽量避免不同方向列车同时到达,以杜绝乘客密集到达,减少乘客换乘时间,提高舒适性和安全性。

(2) 内部设施布局的优化

① 功能布局优化法:功能布局优化法是通过调整闸机及客服中心的位置,来达到合理的布局。在优化的过程中,结合车站运营的合理化管理和方便乘客出行的角度,进行 AFC 设备布局的设计和调整。乘客到达车站是一个随机过程,根据乘客分布规律,设置合理数量的售检票机及其位置,使乘客平均排队长度和等待时间在可以接受的范围内,并满足高峰时段客流通过的要求。另外闸机的合理布局还能起到延时作用,减少客流对其后设施(如楼梯、自动扶梯等)的通行压力。售检票区域的布置要以保持客流快速畅通为原则,其组织布局应遵循:售检票机位置与出入口、楼梯间应保持一定距离;保持售检票机前空间宽敞,避免大客流时排队乘客与过闸机客流的对冲;售检票机应根据出入口数量相对集中布置;尽量避免客流的对冲;提高检票设施的灵活性,保证紧急情况下的检票能力;设置专门的售、检票设施及绿色通道,将行动不便乘客及残疾乘客与其他客流分离开,以保证各流线的有序、高效流动。

② 引导法:引导法主要依据服务信息和导向标识对客流进行引导。由于换乘站衔接方向较多,应根据客流流向的需求,合理设置导向设备的位置。通过对进站客流、出站客流、换乘客流的明确指引,保证客流的顺畅流动。

③ "圆环式"布局法:"圆环式"流线设计在大型地铁换乘车站的应用较多。一方面,在圆环式地铁站站厅层中,圆环内部域为站厅付费区,圆环外侧为车站边界墙壁,而自动售票机通常紧贴墙壁摆放,为了使进站客流在自动售票机购票时引起的排队现象不产生对流线

的干扰，圆环式流线设计方案应为进站流线在圆环外侧，出站流线在圆环内侧；另一方面，超大客流时，对出站客流的及时疏散往往作为主要目标，因为出站客流的疏散效率往往影响整个车站的运营效率。无论超大客流是以进站客流为主还是以出站客流为主，由于地铁车站空间的有限性，只有将出站客流及时疏散出去，才能为进站客流提供更多的行进空间。在圆环式流线设计中，内环为出站流线，外环为进站流线，缩短了出站客流的走行距离，使出站客流能快速疏导出站，降低站厅压力，同时进站流线距离的增加，使进站乘客到达站台的时间延长，在相同的列车运营间隔时间下可以减缓进站客流对站台的压力。

由图5-12可知，圆环式流线设计方案打破了我国行人靠右行的行为习惯，而该方案要求把乘客进、出站的出入口设置在同一方位，因此在连接站厅到出入口的设施设置时，应引导乘客靠左行进。利用自动扶梯的单向性或乘客对楼梯与自动扶梯选择的倾向性，可有效引导乘客的行进方向。成都地铁天府广场站在站厅层的设置安排上选用了圆环式流线方案，有效地避免了进出站客流的冲突。

图5-12　成都地铁天府广场站换乘客流组织

五、城市轨道交通与其他交通方式的换乘与接驳

1. 与铁路客运的衔接

与铁路客运的衔接内容主要包括市郊铁路与其他城市轨道交通形式的衔接以及城市轨道交通车站与铁路客运站的衔接布局等两部分内容。

（1）**市郊铁路与其他城市轨道交通形式的衔接**　市郊铁路是特殊的城市轨道交通形式，具有站距大、速度快和运量大的特点，是连接中心城市与卫星城或郊区重镇的地区性交通工具，是城市轨道交通的外延和补充。两者的主要衔接形式包括：

① 市郊铁路深入市区，在市区内形成贯通线向外辐射，并在市区内结合城市轨道交通车站设置若干站点，图5-13为巴黎地铁线路图。

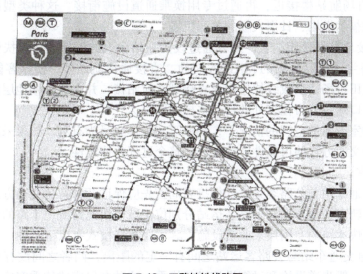

图5-13　巴黎地铁线路图

② 利用原有铁路线开行市郊列车，市郊列车一般不深入市区，起终点设在市区边缘，在起终点车站与城市轨道交通进行换乘衔接。

（2）城市轨道交通车站与铁路客运站的衔接　城市轨道交通车站与铁路客运站的衔接主要有以下四种布局模式：

① 铁路客运站的站前广场地下单独修建城市轨道交通车站，站厅通道的出入口直接设置在站前广场，再通过站前广场与客运站衔接，这是目前国内最普遍的一种做法，如成都地铁1号线和北客站进行换乘，通过站前广场与北客站候车大厅进行换乘。

② 城市轨道交通车站的出口通道直接通到客运站，乘客出站后就能进入铁路客运站的候车室或售票室。广州地铁1号线与广州东站的衔接采用此种模式。

③ 由城市轨道交通车站的站厅层直接引出通道至铁路客运站的站台下，并通过楼梯或自动扶梯与各站台相连，乘客可通过此通道在城市轨道交通与铁路客运之间直接换乘，但换乘步行距离较长。上海地铁1号线与铁路新客站的衔接采用此种模式。

④ 城市轨道交通与铁路联合设站，对换乘乘客来说，这是最好的衔接布局模式。这种模式根据两者站台的设置方式又可分为两种情形：一种情形是两者的站台平行地设置在同一平面内，再通过设置在另一层的共用站厅或者连接两者站台的通道进行换乘；另一种情形是城市轨道交通车站直接修建在铁路客运站的站台或站房下，乘客通过城市轨道交通车站的站厅就能在两者之间换乘，北京西站与城市轨道交通车站的衔接采用这种模式。联合设站的最佳衔接方式是实现两种客运方式同站台换乘，但需在管理体制、票制等方面做出很大的改进。

2. 与航空客运的衔接

城市轨道交通与航空客运衔接规划的主要内容是城市轨道交通车站与航站楼的衔接布局，布局的首要原则是应尽量提高航空出行乘客的市内出行速度，减少两者衔接换乘的时间，保证整个出行过程的连续性。其布局模式主要有以下三种：

① 车站位于机场范围以外，在航站和车站之间提供固定的公交服务。如美国波士顿洛根国际机场，高速运输系统（MBTA）在机场外设站，由航站内公共汽车与之衔接。这种模式除非有非常好的连续性，否则难以产生足够的吸引力。

② 车站与机场航站楼接近，再通过专用换乘通道设施衔接。这种类型最为常见，如阿姆斯特丹的斯契福尔机场、日本大阪的关西机场。

③ 车站直接与航站楼相结合，乘客通过设置在站台上的楼梯或自动扶梯就可进入航站楼。如美国亚特兰大国际机场的MARTA轻轨，直接通往航站楼，使旅客能够便捷进出机场；又如东京成田机场，京成线快速列车直接到达航站楼，并在航站楼地层设置车站，从航站楼的一层出入口通过分布在多处的自动扶梯即可直达。

在有足够的室内疏散空间的情况下，采取第三种模式最为有利。如果采用第一、二种模式，要保证辅助交通方式的可靠性，才能保证整个过程的连续性。

3. 与公路客运的衔接

城市轨道交通车站与公路客运站的衔接布局首先应保证两种客运交通方式之间换乘的通达性，避免城市轨道交通车站和公路客运站分别位于城市快速路或主干路的两侧，否则必须设置跨主干路或快速路的专用换乘通道设施。其主要布局模式有以下三种：

① 城市轨道交通车站与公路客运站之间有一定的距离，两者之间没有设置专用的换乘设施，乘客利用一般步道设施和过街设施进行换乘。这种布局模式使乘客换乘较困难，尤其

是城市轨道交通车站与公路客运站位于城市干道两侧时，换乘的通达性和安全性都很差。目前我国城市轨道交通车站与公路客运站的衔接大部分都采用这种模式，如广州市地铁1号线坑口站与芳村客运站的衔接，两者虽然近在咫尺，但由于有花地大道的横隔，换乘非常不便。

② 城市轨道交通车站与公路客运站之间采用专用的换乘设施衔接，如成都地铁2号线东客站的衔接方式就采用这种模式，利用地下通道将城市轨道交通车站的出口和客运站的客流集散广场连接起来。

③ 城市轨道交通车站的出口通道直接通至客运站的客流集散广场、售票室、候车室或上车站台处，这是最佳的衔接布局模式。

4. 与常规公交的衔接

城市轨道交通与常规公交的衔接布局是指连接城市轨道交通车站的常规公交线网布局、车辆配备、运营组织以及车站附近公交换乘站场布局等综合特征。两者衔接的内涵主要体现在常规公交线网和换乘站场的布局模式方面，可归纳为以下三种类型：

（1）放射-集中布局模式　常规公交线网主要以城市轨道交通车站为中心形成树枝状向外辐射，两者线路重叠区间一般不超过城市轨道交通三站路段，并于车站邻接地区集中开发一块用地用作换乘枢纽站场。作为各条线路终到始发和客流集散的场所。由于始发线路多，常规公交线网运输能力大，乘客换乘方便且步行距离较短，行人流线组织相对简单，对周围道路交通的影响也较小，但换乘枢纽站场用地较大，适合于换乘客流大、辐射范围广的城市轨道交通枢纽。

（2）途经-分散布局模式　常规公交线网主要由途经线路组成，公交停靠站分散设置在城市轨道交通车站周边的道路上。该布局模式不需设置用地规模较大的换乘枢纽站场，但线网运输能力较小，部分乘客换乘步行距离较长，行人流线组织相对复杂。换乘客流较大时，对周围道路交通有一定的影响。适合于换乘客流较小的城市轨道交通枢纽。

（3）综合布局模式　综合布局模式是上述两种布局模式的复合形式。线网由始发线路和途经线路共同组成，且集中布置一个换乘枢纽站和分散布置一些地面公交停靠站。对于规模较大的城市轨道交通枢纽站来说，一般采取这种衔接布局模式。

5. 与步行、自行车、小汽车的衔接

作为城市轨道交通的接运交通方式，除了地面常规公交以外，还有步行、自行车、停车换乘或开车接送以及出租车等客运方式。

（1）与步行交通的衔接布局　步行交通是城市轨道交通最主要的接运方式，只有通过步行的接驳，城市轨道交通这种定时定线定站点的公共客运系统才能完成乘客"门到门"的服务。两者衔接规划布局的内容主要包括城市轨道交通枢纽合理，步行区内的人行步道系统、过街设施和人车分离设施的规划设计，导向指示标识设置以及步行线路组织设计等。

（2）与自行车交通的衔接布局　随着共享单车的迅猛发展，自行车与城市轨道交通之间的换乘也是城市公共交通中一种重要的衔接方式，它解决了"最后一公里"的重要难题。为了方便换乘，自行车一般停在地铁站周边的人行步道上，在快速方便的同时，也要考虑对人行交通的影响。

（3）与小汽车的衔接布局　小汽车交通与公共交通特别是城市轨道交通的换乘在小汽车拥有率较高的国家非常普通，即由居住点开车前往大容量快速公共交通车站，再利用公共交通前往目的地。停车换乘（Park and Ride，P+R）或开车接送（Kiss and Ride，K+R）是现代化公共交通系统中不可缺少的一个组成部分。从广州地铁1号线的调查结果来看，广州的

"P+R、K+R"换乘方式（包括摩托）在城市周边地区已经有了相当的规模，因此为了满足停车换乘（开车接送）的需要，吸引居民出行由私人交通方式向公共交通方式的转变，有必要进行城市轨道交通停车换乘方式的衔接布局规划，其主要内容包括停车换乘停车场的规划布局与周边道路的交通组织规划设计。

案例分析——成都东客站轨道交通换乘客流组织疏导

成都东站位于成都市成华区，东界成都市三环路与龙泉驿区为邻，北临迎晖路（二环路、三环路之间），是中国铁路成都局集团有限公司规模最大、科技含量最高的客运站；成都东站是国内六大枢纽客运站之一，也是中西部最大的铁路客运站之一和西南地区最大的综合交通枢纽，是沪汉蓉高速铁路、成渝高速铁路、西成高速铁路、成绵乐城际铁路、成贵高速铁路、蓉昆高速铁路的重要站点。

成都东客站地铁站作为地铁2号线与7号线的换乘站，是典型的岛岛L型换乘。从地铁2号线换乘到地铁7号线，需由地铁2号线站台通过出口导向标识上至两线共用站厅，进入地铁7号线入口通道然后下楼至地铁7号线站台即可完成换乘。地铁7号线换乘地铁2号线可以通过地铁7号线内环方向车头处换乘步梯上楼即可到达地铁2号线站台；也通过出口导向标识上至两线共用站厅，进入地铁7号线入口通道然后下楼至地铁2号线站台即可完成换乘。

当然，成都东客站不仅仅只是一个地铁换乘站，它自西向东划分为西广场、车站和东广场三部分。围绕车站布置有公交站、长途汽车站、出租车和社会车辆停车场。地铁2号线沿东西方向穿过站场下方，地铁7号线沿南北设于西广场下方，建筑高度约39m。车站采用上进下出为主，平进平出为辅的流线组织方式。站房分为五层，从上到下为：高架层、站台层、出站层、地2层、地7层。成都东站的南北送站平台都是单向行驶，类似于机场的送站方式，车辆是即停即走。零距离换乘的设计理念，使乘客在这里无须出站即可实现各种交通工具换乘，真正构建一个无缝衔接的交通系统。旅客换乘公交、出租、地铁以及高铁全部都在出站层完成，并可以从四个方向出站，避免集中出站的拥堵（图5-14～图5-16）。

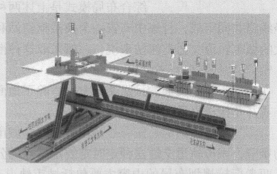

图5-14 成都东客站地铁车站换乘客流组织疏导图

图5-15 成都东客站站内换乘优化措施

图5-16 成都东客站公交换乘

任务三　城市轨道交通车站大客流组织疏导

任务目标

1. 掌握大客流的分类。
2. 掌握车站大客流的特点。
3. 掌握车站大客流组织的影响因素及组织原则。
4. 掌握车站大客流的组织措施。

知识课堂

　　大客流是指车站在某一时段集中到达的客流量超过车站正常客运服务设施客运组织措施所能够承担的客流量时的客流。站内大客流的产生可以归结为站台上聚集的人数远大于一列列车到达本站输送走的人数和车站出站设施疏解的人数之和。产生这一情况的原因主要有三个方面：第一，进站人数持续增加，站台聚集人数占据了站台有效区域的绝大部分；第二，列车运输能力不足，如列车到站时满载率已经达到70%~80%，而且下车的人很少，造成乘客滞留站台不能乘车；第三，下车乘客非常多，出站楼梯、扶梯、通道、闸机等设施能力不足，使乘客滞留站台，造成站台乘客积聚。

一、大客流的分类

1. 按是否可预见划分

（1）**可预见性大客流**　可预见性大客流包括早晚高峰客流、节假日大客流和大型集会客流等。

（2）**突发性大客流**　突发性大客流是指因行车设备故障造成运行秩序混乱以及突发恶劣天气或地面突发事件导致大量乘客放弃地面交通工具等原因造成的非预见性大客流。

2. 按大客流发生的范围划分

（1）**局部大客流**　个别车站单位时间内客流量（包含进站、出站及换乘客流）达到或超过车站或图定列车运输能力限制。

（2）**区域大客流**　同一线路或不同线路多个车站客流量（包含进站、出站及换乘客流）达到或超过车站或图定列车运输能力限制。

（3）**线网大客流**　多条线路大面积车站客流量（包含进站、出站及换乘客流）达到或超过车站或图定列车运输能力限制。

3. 按车站大客流构成情况分类

（1）**进站大客流**　进站大客流是指在一段时间内，大量乘客涌入某车站乘车，该情况是城市轨道交通系统中较为常见的一种大客流，多发生在文体赛事等大型活动散场时的邻近站点。

（2）**出站大客流**　出站大客流是指在一段时间内，大量乘客抵达某车站出站，该情况多发生在大型活动开场前一段时间的活动场馆邻近站点。

（3）换乘大客流　换乘大客流是指在一段时间内，大量换乘客流抵达车站，占用换乘通道，造成车站拥挤，该情况易发生在衔接多条线路的换乘站。此外在大型活动集散时间内，相关换乘站也容易出现这种情况。

4. 按大客流产生的影响和后果分类

（1）一级大客流　各车站根据本站的正常乘客数量进行比较，站台聚集人数达到或大于站台有效区域的80%，并且持续时间大于实际行车间隔时间。这种情况使乘客及轨道运营安全受到影响，存在明显的安全隐患。

（2）二级大客流　各车站根据本站的正常乘客数量进行比较，站台聚集人数达到站台有效区域的70%以上、80%以下，并有持续不断上升的趋势。在这种情况下，乘客的正常出行和轨道交通所提供的服务水平受到一定程度的影响，车站比较拥挤，乘客感觉比较压抑，但尚未对乘客及轨道交通运营安全造成影响。

二、车站大客流的特点

1. 节假日大客流的特点

节假日大客流主要由购物休闲、旅游观光和返乡探亲等乘客构成。在国家法定的元旦、春节、劳动节、中秋节和国庆节等假期内，地铁各站客流较平时有大幅上升，购买单程票和初次乘坐地铁的乘客居多。

2. 暑期大客流的特点

暑期大客流主要由购物休闲、旅游观光和放暑假的学生等乘客构成，每年7月、8月地铁各站客流较平时有明显增加。大客流高峰时段一般集中在每日的8:00~16:00。

3. 大型活动大客流的特点

在特定时间段（如大型活动结束后）客流会显著增加；大型活动一般在周末举行，因大客流所发生的时间和规模大多可预见，且持续时间较短，影响范围有限，通常只对该活动地点附近的车站影响较大。

4. 恶劣天气大客流的特点

恶劣天气大客流是指在出现酷暑、大雨、暴雪和台风等恶劣天气时，地面交通受到较大影响，市民改乘地铁或进入地铁车站避雨，造成地铁车站客流明显增加，给车站客流组织带来一定困难。

5. 大客流的传播特点

大客流对于发生站来说均属于进站客流，站内突发大客流与既有客流的相互叠加，将导致发生站台候车区内乘客迅速聚集，站台乘客密度也将由舒适自由演变为拥挤缓慢，并且随着客流的持续入站，候车区内客流人数也将攀升到乘客容纳上限；此外，当列车到站时，受大客流引起的车站站台乘客过度拥挤影响，车内到站乘客下车时间消耗将增加，同时突发大客流情况下，受到不满、紧张等情绪影响，乘客具有短期行为突变性等特点，即此时乘客心理易受外界影响而改变，具有一定的从众心理，同时，乘客会以时间最短为标准选择出行线路，这不可避免地会引发站台乘客拥挤上车，站台上车乘客上车时间相比有条不紊情况下的消耗也将增加。

① 由于城市轨道交通列车采用的是具有防夹功能的自动感应车门，列车配载的ATC系统对车门进行自动监控，列车必须在"全部车门都安全关闭"的情况下起动，因此在大客流情况下，大量乘客涌入发生站，客流的急速聚集和交叉增加了乘降时间，直接映射在列车在

站停留时间增加上，既导致列车的发车延误，又引起列车满载运行，这对前方列车运行以及后方车站站台候车工作都产生干扰，大客流随着列车运行而"传染"到后方车站，再次造成大客流爆发。具体的传播过程如图 5-17 所示。

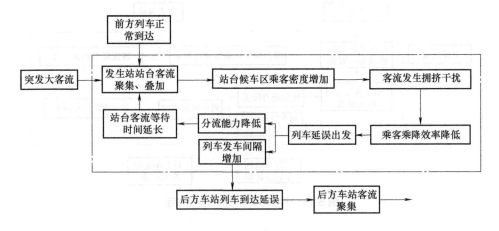

图 5-17　大客流在发生站的传播过程

② 大客流列车运行至换乘站时，列车到达延误使换乘站站台候车客流等待时间延长，客流密度增大。大客流列车车门开启后，进站和出站客流之间以及上下车客流之间均会发生严重的交叉干扰，造成列车出发时间的二次延误，列车在站停留时间累加延长，这将影响其他衔接方向列车的到达。同时，换乘站大客流方向列车的上车乘客数取决于下车乘客数，造成乘客候车时间延长，此时，换乘站的运能降低，集散效率降低，影响范围也将通过换乘站演变为网络化传播，进一步加剧了大客流对路网的影响，具体传播过程如图 5-18 所示。

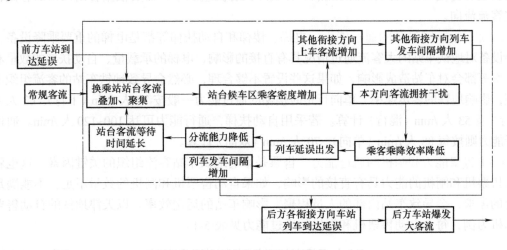

图 5-18　大客流在换乘站的传播过程

③ 中间站衔接的线路方向数单一，无换乘客流，因此大客流列车到站后，由于前方一级车站的延误，中间站站台候车区的乘客密度将增大，相似的客流交叉干扰继续引发列车的出发延误，导致列车到达后方时发生到达延误。同时，列车满载运输时将造成站台候车乘客继续等待，列车输送能力和疏散能力下降，降低了中间站客流集散效率。这使路网中的大

客流继续成线性或网络性传播,对后方车站的运输能力和乘降水平产生影响。具体传播过程如图 5-19 所示。

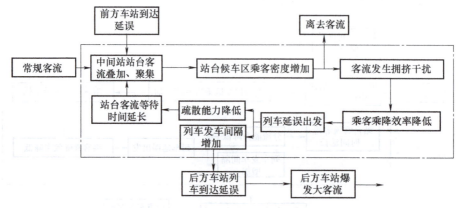

图 5-19　大客流在中间站的传播过程

三、车站大客流组织的影响因素及组织原则

1. 车站大客流组织的影响因素

城市轨道交通运营企业会根据每个车站的具体位置、站台形式、设备配置和客流特点等因素,有针对性地编制该车站的客流组织方案。车站大客流的组织应主要考虑下列因素的影响:

(1) **地面出口和通道的通过能力**　车站出入口及通道的数量、规模和位置在设计之初已经确定,一般不能再改变。地铁车站出入口的设置不仅要考虑交通疏散功能和经济引导功能,还要考虑在紧急状态下,对人员安全疏散和救援的影响。出入口设置的位置和数量、通道的长度和宽度都影响大客流的疏散。在实际大客流组织中,需要根据各出入口的客流特点确定客流流向。

(2) **车站乘降设备的通过能力**　电梯、楼梯和自动扶梯等都是电梯的重要乘降设备,而乘降设备对地铁车站的大客流通过情况具有直接的影响,电梯的承载量、自动扶梯的数量和运输速率等都会对车站造成影响,如果这些设置不够合理,必然会导致地铁车站的客流组织不够合理,影响地铁的客运速率。单向行走时楼梯的通过能力一般按 70 人 /min(下行)、63 人 /min(上行)及 53 人 /min(混行)计算。若采用自动扶梯,通行能力可达 100~120 人 /min。通道的通行能力则按每 88 人 /min(单向)、70 人 /min(双向)计算。

(3) **售票能力和闸机的通过能力**　售票是影响地铁车站客流组织的关键因素,这也就对自动售票机和闸机的能力具有直接的影响,如果自动售票机和闸机的数量不足,不能满足大客流的需求,会导致车站内部的人员积聚,影响车站的运送效率。以天津地铁的自动售票机和闸机为例,每台自动售票机和闸机的通过能力见表 5-1。

表 5-1　天津地铁自动售票机和闸机的通过能力　　　　　　　　　(单位:人 /min)

条　件	自动售票机	进站闸机	出站闸机
引导充分时	3~4	12~15	12~15
乘客自助时	1~2	8~9	8~10

（4）站厅的面积　根据城市轨道交通客流组织经验，站厅容纳率一般为 2~3 人 /m²。

（5）站台的面积　站台主要供列车停靠时乘客上、下车使用，站台的设计应满足远期预测客流的需要，且站台的宽度应满足高峰小时客流量的需要。根据实际客流组织的经验，站台容纳率一般为 2~3 人 /m²。

（6）列车的运送能力　列车的运送能力是影响地铁车站大客流的主要因素，如果列车的运送能力不足，会导致列车运营过程中，人员运输的效率不佳，同样会导致地铁车站内部的人员滞留较为严重，制约地铁的功能性发挥，使大客流运营组织不够合理，制约城市地铁的持续健康发展。

（7）站台乘候车秩序　站台是车站内乘客最密集的场所之一，也是进站客流的最终目的地和出站客流的产生地，应满足乘客的上下车需要。在客流较大时，乘客在拥挤的状况下候车，乘候车秩序较差，抢上抢下、冲撞车门的事件时有发生，不但影响上下车效率，造成列车晚点，还存在较大的安全隐患，不仅容易造成站台乘客大量积聚，扰乱乘候车秩序，还降低了乘客的行进速度，增加了站台客流压力。

综上所述，车辆大客流的组织主要受出入口通道、站厅站台面积、车站楼梯、自动扶梯、自动售检票设备通过能力以及列车输送能力等的影响。根据实际运营经验，车站大客流组织的瓶颈主要体现在出入口、进出站闸机以及由站厅转到站台的自动扶梯口等处。在车站客流组织过程中，只要控制好这些车站设备中的薄弱环节，就能做好车站的客流组织工作。

2. 车站大客流的组织原则

客运组织的基本原则为安全、及时、有效；现场遵循"疏导优先"的原则，车站根据本站结构及 AFC 设备布局、客流特点及设备能力，制订车站级大客流预案，做好一站一预案，充分利用车站设备和设施，尽量使进、出站客流不交叉，确保客流顺畅。

（1）单站级客运组织原则　单站级客运组织遵循"由下至上、由内至外"（高架站按照"由上至下、由内至外"的原则）和"先控制进站，后控制换乘"的原则依次进行三级客流控制。发生突发大客流时可根据现场需求同时采取多种客流控制措施，当现场不具备某级客流控制条件时，可直接进行更高级别客流控制措施，以达到客流"有序、可控"的局面。

（2）线网联控组织原则　线网联控以优先满足主控站的客流疏导，缓解高满载率区段的客流压力为原则。主控站本站出现大客流或连续多个区段满载率偏高时，辅控站需采取限流措施满足主控站的客流疏导以及缓解高满载率区段的客流压力。

（3）换乘站客运组织原则　换乘站客运组织以"安全、可控、统一"为原则，大客流组织由客运压力较大线路的值班站长担任整个换乘站客流组织的指挥者。换乘站客流控制同时遵循"由下至上、由内至外"和"先控制入闸客流，再控制换乘客流"的原则，确保站台安全性，避免客流失控。

四、车站大客流的组织措施

各城市轨道运营单位应根据具体情况制订大客流控制的具体措施，以保证控制客流的顺利实施。

1. 增加列车运能

根据大客流的方向，在大客流发生时，利用就近的折返线、存车线组织列车运行方案，实施增开临时列车，增加列车运能，从而保证大客流的疏散。列车的运能是大客流组织的关键。

地铁车站大客流组织措施之线网联控

2. 增加售检票能力

售检票能力差是大客流疏散的主要障碍，因此，车站在设置售检票位置时应考虑提供疏散大客流的通道。在大客流疏散时，可采取事先做好票务服务及相关服务设备、设施的准备工作。具体工作如下：

（1）**售检票设备的准备**　在大客流发生前，设备维护人员应事先对车站全部售检票设备进行维护、检修，确保在大客流发生时售检票设备能正常使用。

（2）**车票和零钞的准备**　车站应根据客流预测和以往大客流所消耗的车票及零钞数，在大客流发生前，向票务部门申领和储备充足的车票与零钞。

（3）**临时售票亭的准备**　车站根据大客流的进出方向，选择在进站客流较集中的位置设置临时售票亭。对于站厅面积较小的车站，可考虑将临时售票亭设置在进站客流较多的通道内。

（4）**自动扶梯和垂直电梯的准备**　车站应事先通知厂商对车站全部自动扶梯和垂直电梯进行维护、检修。重点检查自动扶梯的毛刷、梳齿板和扶手带，确保在大客流三级控制时，自动扶梯能正常开启转换。

（5）**临时导向标识和隔离设备的准备**　车站应储备一些临时导向标识、告示牌和活动围栏、伸缩铁围栏、隔离带等设备，在大客流发生前，车站根据大客流的进出方向和客流组织的要求，选择适当的位置张贴和摆放临时导向标识、告示牌和活动围栏、伸缩铁围栏、隔离带等。

（6）**其他客运设备、设施的准备**　大客流发生前，车站还应准备人工语音广播和语音合成广播词、乘客咨询系统发布信息及急救药品、担架等，并根据车站工作人员的情况，相应增加手提广播、对讲机等客运设备。

3. 控制车站及线网客流

车站在发生常态化和突发大客流冲击时，应按照"点、线、面"客流控制的原则，根据现场客流情况及时采取或申请启动客流控制措施。客流控制措施为站控、线控以及网控三个级别，其中，站控是线控和网控的基础。

发生突发大客流时，客运人员应当协调行调及时增加运力进行疏导。预判站台客流聚集超过预警值、可能危及安全时，应当实施单站级客流控制。无法缓解客流压力的，应当在本线多个车站实施单线级客流控制；预判断面客流满载率超过预警值时，应当在本线及与之换乘的线路车站实施线网级客流控制。预警值由运营单位客运人员根据站台设计容纳能力、设施设备配置、客流规律等确定。

（1）车站级客流控制（站控）

① 各车站实施三级客流控制。

第一级客流控制：在付费区采取措施控制站台乘客数量的客流组织行为。当站台出现乘客拥挤时，站台区域负责人向车控室汇报，由值班站长决定进行第一级客流控制。控制措施为在站厅与站台的楼梯、扶梯连接处设置控制点，改变扶梯走向，通过停用扶梯及引导乘客走楼梯等方式减缓乘客走行速度以及在付费区设置回形线路并分批放行乘客至站台。

第二级客流控制：在非付费区采取措施控制进入付费区乘客数量的客流组织行为。当采取第一级客流控制措施后，站厅付费区滞留乘客较多时，由值班站长决定进行第二级客流控制。控制措施为关闭部分进站闸机，在进站闸机口设置活动围栏等备品限制乘客进站或分批放行乘客进站，通过控制安检速度控制乘客进站速度或分批进行乘客安检。

第三级客流控制：在出入口外采取措施控制进站乘客数量的客流组织行为。当采取第一级、第二级客流控制措施后，站内滞留乘客较多时，由车站与地铁公安共同决定进行第三级客流控制。控制措施为在出入口用活动围栏等备品限制或分批放行乘客进站，在出入口外通过设置回形线路控制进站客流，因客流组织需要将出入口改变为"单向"的模式以及因客流组织需要关闭出入口。

② 管控关键点。进行车站客流控制，应在站台、站厅及出入口设置区域负责人，各区域负责人实行区域联控。各区域负责人及其他管控人员应根据区域特点合理采取控制措施，确保客流组织顺畅。

> **小知识**
>
> 站台管控时：站台是供列车停靠、乘客候车及乘降使用的场所，客流组织应重点考虑列车正点、列车运输能力的充分利用以及站台运营安全，还需要宣传疏导乘客在安全范围内候车，避免挤靠站台门发生危险；同时需要疏导乘客分散上车，确保列车站停时分；最后要组织乘客先下后上，对下车的乘客迅速疏导出站台。
>
> 站厅管控时：站厅是提供乘客售检票作业使用的场所，主要应防止购票、出站乘客滞留或产生客流交叉。应保持售票位置之间有足够空间，以便于客流疏导，避免购票、出站乘客相互影响。应尽量避免主客流的交叉对流，可根据需要设置导流设施重新划分付费区与非付费区，实现进出站乘客的分流。遇大客流进出车站时应适时采取增加服务人员、改变闸机通道方向、疏导客流至其他闸机群等方式进行组织。配合出入口及通道的单向使用，重新划分站厅功能。
>
> 出入口及通道管控时：出入口及通道是车站的门户，其主要作用是集散客流，部分车站出入口连接人行过街通道或商业建筑，主要应避免大客流集中进站。出入口管控可采取单向使用、客流控制、封口、设置限流导流设施等方式进行组织。通道内应保持畅通，要避免客流滞留。通道内商铺、通道口与商业设施衔接的部分，如其商业行为对安全造成影响时可让其暂时关闭。
>
> 自动扶梯管控时：在可预见性大客流中，原则上应在重点车站关键扶梯口设置专人专岗引导客流，提醒乘客乘坐安全，避免发生拥堵、造成踩踏事件。按客流控制等级调整扶梯运行状态，确保疏散能力。老、弱、病、残、孕及行动不便人员无正常成人陪同时，管控人员应指引其从升降电梯、步梯通行，必要时可视情况安排人员陪同、护送。需引导携带大件物品、易碎物品等可能带来安全隐患的乘客从步梯通行。当遇紧急情况，及时按压紧停按钮。

（2）换乘大客流控制措施 换乘站是地铁线网重要节点，也是线网运营组织、客流输送管理的中心环节，客流在换乘站大量集散。当出现换乘大客流时，换乘车站应及时报告行调，并根据客流大小、方向及时调整车站客流组织方式，尽量减少换乘客流与进出站客流的交叉、干扰，确保换乘客流畅通，避免出现客流对冲。

① 充分利用车站站厅、站台空间结构合理调整换乘路线，换乘空间不足的车站在必要时可设置地面换乘路线，缓解换乘客流压力。

② 在换乘路线设置控制点，并安排专人加强引导，对换乘客流进行控制，必要时可临时关闭某方向或双向换乘通道。

③ 换乘站值班站长应视情况及时组织行车值班员向本线行调申请增加备用车上线、加开空车、线控、网控、组织列车越站等措施对客流进行控制、分流，缓解换乘车站客流压

力，确保客运组织安全、有序、可控。

④ 当换乘站进行客流控制时，行调应视情况通知换入客流较大的相邻线路车站及时播放换乘大客流或越站广播，告知乘客大客流信息。

（3）线路级客流控制（线控）　线控由该线路值班主任宣布启动，对本线运力紧张区段各站及以近区段（运力紧张区段与该运行交路起始站之间区段为以近区段，下同）各重点站（可单限运力紧张方向，下同）进站客流进行控制。

① 启动时机。换乘站已启动通道卡控限制换乘客流，线路客流量仍持续增大，换乘站付费区滞留乘客达到付费区有效面积（站厅付费区及大客流一侧站台有效面积之和）的 1/2 以上，且短时间内无法缓解，由换乘站值班站长及时安排行车值班员向本线行调申请、行调向值班主任申请启动线控。高峰时段预计 5 列及以上列车延误超过 5min，值班主任可视情况启动客流线控措施。

② 值班主任宣布启动线控后，按照线网客控关系相关联控表启动站点限流，可逐步或越级采取一、二、三级客流控制，限制客流减缓速度，原则上限流车站进站客流不应高于该站同时段正常客流的 80%。若客流量仍然无法缓解且可能出现危及乘客人身安全情况时，可采取暂停部分车站乘客进站的措施。

③ 车站及列车秩序恢复正常后，按照"谁申请，谁取消"的原则，由主控站向行调申请取消线控，行调报值班主任同意后宣布取消线控。

（4）线网级客流控制（网控）　网控由值班总调宣布启动，对邻线换入本线客流进行控制。

① 启动时机。某条线路经采取线控措施后，申请启动线控的换乘站客流仍然无法缓解，所在站值班站长及时组织行车值班员向行调申请、行调向值班主任申请、值班主任向值班总调申请启动网控；当线路因故障出现运营中断、运力水平严重下降，本线路不具备邻线换入客流条件时启动网控；高峰时段预计 5 列及以上列车延误超过 10min，值班总调可视情况启动网控；值班总调判断有必要采取网控时。

② 本线运力紧张区段及以近区段换乘站应对邻线换入客流通过绕行、引导等方式延缓客流换入速度。

③ 值班总调宣布启动网控后，按照线网客控关系相关联控表，本线及邻线辅控站对换入运力紧张区段客流进行限制，原则上辅控站进站客流不应高于该站同时段正常客流的 80%。若客流量仍然无法缓解且可能出现危及乘客人身安全情况时，可根据行调命令采取暂停部分车站乘客进站的措施，以缓解客流。

④ 当线路出现运营中断、行车间隔大幅增加、换入客流严重滞留等情况时，车站可向行调申请本线加开空车、邻线越站，行调根据实际情况组织本线路开行大站空车、邻线列车越行该线路换乘站。

⑤ 车站及列车秩序恢复正常后，按照"谁申请，谁取消"的原则，由主控站向行调申请取消网控，行调报值班主任、值班主任报值班总调同意后宣布取消网控。

4. 采取临时疏导措施

在大客流组织中，临时、合理地疏导对客流方向进行限制是一项很重要的组织措施，主要包括出入口、站厅的疏导，站厅、站台扶梯以及站台的疏导。出入口、站厅的疏导主要是根据临时售检票位置的设置，限制客流的方向，来保持通道的畅通和出入口、站厅客流的秩序；站厅、站台扶梯以及站台的疏导主要是尽量保证客流均匀上下扶梯和尽快上下列车，保证站台候车的安全。站务员应在靠近楼梯、扶梯处站岗，并分散在站台前、中、后部疏导乘客。

宜将临时售检票设置在站外或站厅层较空旷的位置，为排队购票的乘客留出充分的空间，确保通道的畅通，并应维护好出入口、站厅客流的秩序。采取的疏导措施主要有设置临时导向、设置警戒绳或隔离栏杆，采用人工引导及通过广播宣传引导等。

5. 关闭出入口或进行分流

大客流往往是难以预测的，因此，为了保证大客流发生时疏散客流的安全，在难以采用有效措施及时疏散客流时，可采取关闭出入口或在某部分出入口限制乘客进入车站的措施来阻止一部分客流或延长大客流疏散的时间。

> **案例分析——成都地铁某车站大客流客运组织疏导**
>
> 　　成都某地铁车站为 AB 两条线的换乘站，位于成都市区境内，临近步行街、广场、电器商场等众多购物娱乐场地。地面公交线路将近 20 条，日常客流高峰期主要以通勤、换乘客流为主，周末、节假日客流高峰期主要以观光、购物客流为主。如车站发生大客流，则客运组织疏导如下：
>
> 　　1. 大客流情况下岗位设置
>
> 　　大客流情况下，地铁换乘车站的所有工作人员都要各司其职，各个岗位都要进行明确的岗位职责划分，并携带备品。如：A 号线当班值班站长负责发出分流/客流控制时机的命令，负责出入口、非付费区活动围栏、伸缩带变化摆放、预制票位置、分流时机、告示摆放、扶梯方向更换，需要携带 400M、800M、站台门钥匙等备品。又如：B 号线当班值班站长要协助 A 号线当班值班站长进行客流控制相关工作的安排。
>
> 　　2. 当发生大客流时各区域负责人安排
>
> 　　总负责人为 A 号线值班站长。B 号线值班站长担任站台负责人，A 号线值班站长担任站厅负责人。A、B 号线值班站长及值班员需加强联系和沟通，共同完成紧急情况下车站包括站台、站厅、出入口、换乘通道或出入口通道的整体运作。
>
> 　　3. 一、二、三级客流控制启动条件及实施流程
>
> 　　车站按实际情况实行相应客流控制，换乘站遵循"由下至上，由内至外"和"先控制入闸客流，再控制换乘客流"的原则，进行一、二、三级客流控制。
>
> 　　（1）第一步　当相应站台候车乘客较多，且另一线路换乘乘客不断涌入时，车站站台候车人数达到站台有效容纳面积的 1/3 以上时（如图 5-20～图 5-23 所示，每侧站台门前排队人数达到红线区域），A、B 号线站厅同时做好一级客流控制的准备。

图 5-20　A 号线上行站台

图 5-21　A 号线下行站台

图5-22　B号线上行站台

图5-23　B号线下行站台

（2）第二步：人员安排　A号线值班站长为总体负责人，发出进行客流控制的指令，A号线行车值班员及时通知B号线行车值班员做好配合。加派人员到A、B号线站台协助，引导A、B号线乘客在站台门前均匀候车，充分利用好列车内的空间，维持好站台乘客候车秩序。加派人员到站厅安检机口，准备进行二级客流控制。

（3）第三步：控制联动措施　当每侧站台候车人数达到站有效容纳面积的1/2以上时（如图5-24～图5-27所示，每侧站台门前排队人数达到红线区域）或车站站厅付费区乘客数量达到有效容纳面积的2/3以上或站厅安检排队人数超过32人且持续3min以上，通知票亭、安检减缓售票速度，车控室及时向行调请求延长列车停站时间，缓解站台乘客候车压力，值班站长视情况需要向行调申请加开列车，减缓站台压力。

图5-24　A号线上行站台

图5-25　A号线下行站台

图5-26　B号线上行站台

图5-27　B号线下行站台

站厅楼、扶梯口处设置排队区域，并安排人员卡控，站台负责人与卡控人员进行联控，根据站台客流情况进行分批放行。站厅安检机前客流控制点人员需随时与 A/B 号线站台负责人保持联系，当 A/B 号线列车关门后，站台负责人及时通知安检控制点人员放行乘客数量，分批放行乘客进入 A/B 号线站台。

（4）第四步：广播及引导用语

车控室：A/B 号线行车值班员播放换乘客流控制广播（广播不含退票内容）。

厅巡岗：乘客您好，由于 A/B 号线客流过大，现在实行客流控制，请在此排队等候，分批乘车，感谢您的谅解与合作（2 条线同时出现换乘大客流情况下，厅巡岗引导用语将"A/B 号线客流过大"替换为"站台客流过大"）。

（5）第五步：采取客流控制　若采取上述措施后换乘大客流仍不能缓解，当每侧站台候车人数达到站台有效容纳面积的 2/3 以上时（如图 5-28～图 5-31 所示，每侧站台门前排队人数达到红线区域），站台滞留乘客连续 2～3 趟不能上车时。

图 5-28　A 号线上行站台

图 5-29　A 号线下行站台

图 5-30　B 号线上行站台

图 5-31　B 号线下行站台

及时报告行调申请启动三级客流控制，其中一些出入口只出不进，另一些弹性关闭。还有一些出入口半进半出站外绕行并分批放行，另一些只进不出通道内绕行并分批放行。

站台候车情况，A 号线站台滞留乘客较多且大部分为 B 号线换入时，关闭 B 换 A 换乘通道，采用站厅换乘或非付费区绕行；B 号线站台滞留乘客较多且大部分为 A 号线换入时，关闭 A 换 B 换乘通道，采用站厅换乘或非付费区绕行。

向行调申请线控、A/B号线单方向跳停等，当A、B号线站台连续两趟车乘客都无法出清站台时，向行调申请通知其他车站播放本车站无法换乘的广播，同时向A号线、B号线OCC申请线控/网控。同时，车站播放含退票内容的客流控制广播，向分公司申请派员到站支援。

任务四 城市轨道交通车站突发事件客流组织疏导

任务目标

1. 掌握车站设备突发故障后的客流组织疏导。
2. 掌握突发行车事故后的客流组织疏导。
3. 掌握突发火灾事件客流组织疏导。
4. 掌握突发水淹事件客流组织疏导。
5. 掌握突发大面积停电事件客流组织疏导。
6. 掌握突发恐怖袭击事件客流组织疏导。

知识课堂

突发事件是指在没有任何预兆的情况下，在城市轨道交通车站内、列车上或其他设备设施内突然发生的危及人身安全的事件。突发事件发生时在车站内或列车上的客流均称为突发事件客流。各车站应根据本站具体情况建立切实可行的突发事件客流组织应急预案，合理安排各岗位和地点的具体工作，迅速疏散客流，避免意外发生、扩大和蔓延。当发生突发事件时，车站可根据实际情况采用不同的客流组织办法对乘客进行疏导。

一、车站设备突发故障后的客流组织疏导

1. 车站设备故障常见类型

① 车站自动售票机全部停用，或在站厅层分离的一端内全部自动售票机停用。
② 车站出站闸机全部发生故障，或在站厅层分离的一端内全部出站闸机发生故障。
③ 车站进站闸机全部发生故障，或在站厅层分离的一端内全部进站闸机发生故障。
④ 车站半自动售票机全部发生故障。

2. 车站设备故障后职责分工

值班站长：担任前期现场处置负责人，负责现场指挥协调工作；行车值班员：负责车站信息的收集传达和上报；客运值班员：根据值班站长安排做好客流引导及售检票工作，维持车站秩序；站务员：协助客运值班员做好客流引导及售检票工作，维持车站秩序。

扫一扫

临时客运组织

3. 客流组织疏导流程

① 自动售票机全部故障时的客流组织疏导流程如图 5-32 所示。

② 半自动售票机全部故障时的客流组织疏导流程如图 5-33 所示。

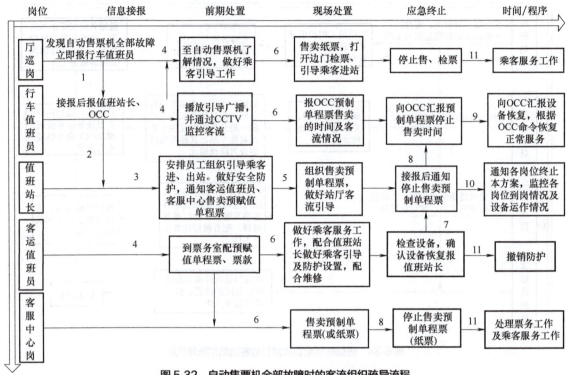

图 5-32 自动售票机全部故障时的客流组织疏导流程

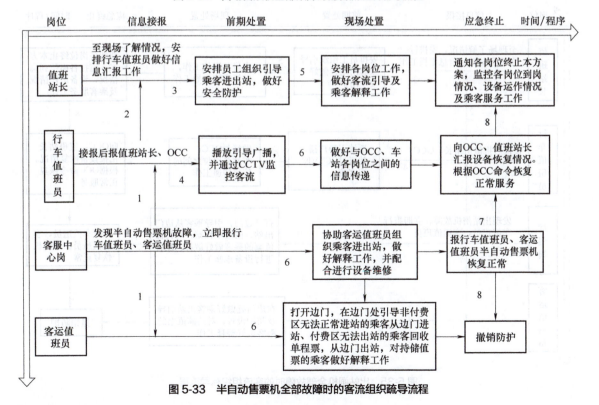

图 5-33 半自动售票机全部故障时的客流组织疏导流程

③ 进站闸机全部故障时的客流组织疏导流程如图 5-34 所示。
④ 出站闸机全部故障时的客流组织疏导流程如图 5-35 所示。

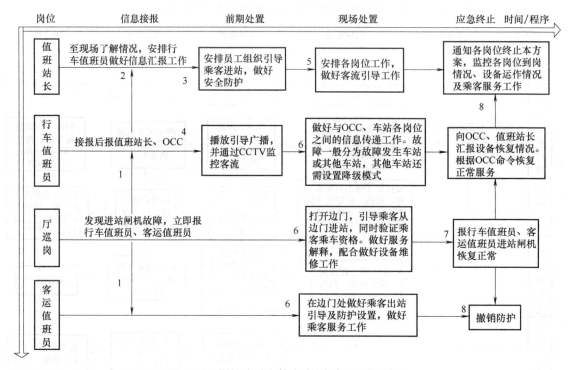

图 5-34 进站闸机全部故障时的客流组织疏导流程

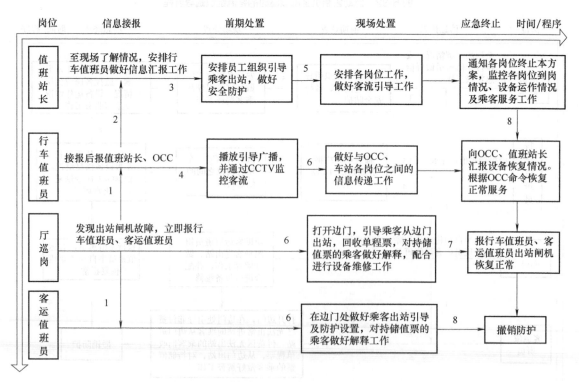

图 5-35 出站闸机全部故障时的客流组织疏导流程

二、突发行车事故后的客流组织疏导

1. 突发行车事故后职责分工

突发行车事故后,发生在正线时,列车司机在值班站长到现场前担任前期现场处置负责人,安抚车上乘客,做好信息汇报工作;值班站长到场后,担任前期现场处置责任人,负责现场处置的指挥协调,组织人员疏导和伤员救助;列车司机协助值班站长进行现场处置,配合救援部门做好救援工作。行车值班员负责车站信息的收集、传达与汇报。客运值班员与站务员根据值班站长的安排,做好人员疏导和伤员救助工作。

2. 客流组织疏导流程

正线运营列车如发生脱轨时,列车司机紧急制动并报告行调,广播安抚乘客,确认有无人员伤亡;经行调允许后降下受电弓,做好线路及列车的防护工作,确认事故现场是否影响其他线路。如在岔区经行调允许后下车检查是否损伤道岔,并及时将现场情况报告行调;得到行调清客命令时,列车司机按照《区间乘客疏散应急预案》的有关规定组织清客,保护现场,坚守岗位,严禁擅自动车,等现场指挥到达事故现场后将指挥权移交现场指挥人员,并将现场情况汇报现场指挥。全线各站严格按照OCC命令,做好行车组织和客运组织工作。对于昏迷或伤势较重的乘客,车站做好现场急救工作,立即拨打120,并安排专人至指定出入口迎接。行车值班员应根据现场情况做好信息的续报工作。值班站长负责现场的前期处置,待抢险负责人到场后,移交现场处置权并报OCC。应急处理终止后,车站加强巡视,发现异常情况应立即汇报,如图5-36所示。

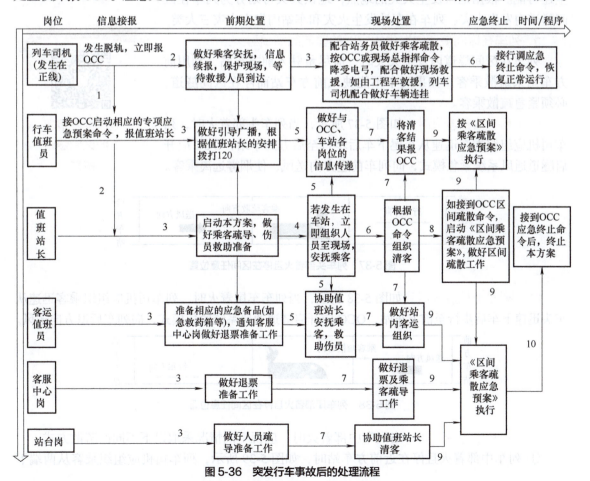

图 5-36 突发行车事故后的处理流程

> **特色亮点：树立正确的职业道德观**
>
> 2012年9月27日，上海地铁10号线发生追尾事故造成了重大的社会影响，事故的主要原因是行调未严格执行调度规定，违规发布命令，是职业道德缺失的一种表现。多起轨道交通安全事故表明，重大安全事故通常是由于工作人员的粗心大意、对待工作态度不端正、职业道德意识淡薄、工作人员责任心不足、国家主人翁责任感不强等原因造成的。对于我们大学生而言，员工职业道德的建立与培养的黄金期就是大学期间，同学们一定要建立健全正确的人生观、世界观、价值观和职业观。

三、突发火灾事件客流组织疏导

地铁发生火灾，首要的问题是保证人员安全撤离。发生火灾时，人员会因一氧化碳中毒、缺氧窒息、火烧或高温烘烤以及建筑物倒塌而发生伤亡。安全疏散的目的是要在火灾对人员构成危害前将人员安全疏散。允许疏散的时间取决于火灾强度、烟雾浓度和对人体的危害、防排烟设施及建筑物的耐火能力等因素。据测试，人们在地铁火灾事故中如果不能在6min内迅速有效地逃生，就很难有生还可能。根据地铁发生火灾的地点，地铁火灾可划分为列车在区间隧道内发生火灾、列车在车站发生火灾和车站内发生火灾三大类。

扫一扫
车站火灾应急预案

1. 列车在区间隧道内发生火灾时的客流组织疏导

列车在区间隧道内发生火灾时，应尽量驶入前方车站，利用前方车站来疏散乘客。如果列车不能驶入前方车站而停在区间隧道，必须紧急疏散乘客。

扫一扫
地铁突发情况下的区间隧道疏散

（1）**列车头部着火时** 如图5-37所示，当列车头部着火时，列车司机应组织乘客迅速从车尾下车后步行至后方的车站，OCC应开启隧道通风系统紧急模式，向列车前进方向送风，使烟雾远离乘客。

图5-37 列车头部着火且停在区间任意位置

（2）**列车车尾着火时** 如图5-38所示，当列车车尾着火时，列车司机应组织乘客迅速从车头迅速下车后步行至前方车站，OCC应开启隧道通风系统紧急模式，向列车后退方向送风。

图5-38 列车尾部着火且停在区间任意位置

（3）**列车中部着火时** 当列车中部着火时，应视不同情况采取以下不同的疏散方式。

① 列车中部着火且停在近前方车站时，如图5-39所示，列车司机应组织乘客从两端下

车后分别步行至前、后方车站，OCC 应开启隧道通风系统紧急模式，向列车前进方向送风，使烟雾远离列车尾部乘客，而列车头部乘客因距离前方站较近，不会受到烟雾伤害。

图 5-39 列车中部着火且停在近前方车站

② 列车中部着火且停在近后方车站时，如图 5-40 所示，列车司机应组织乘客向两端疏散，OCC 应开启隧道通风系统紧急模式，向列车后退方向送风，使烟雾远离列车头部乘客，而列车尾部乘客因距离后方站较近，不会受到烟雾伤害。

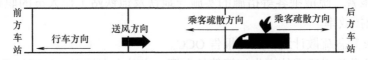

图 5-40 列车中部着火且停在近后方车站

③ 列车中部着火且停在区间中部，如图 5-41 所示，列车司机应组织乘客向两端疏散，OCC 应开启隧道通风系统紧急模式，向列车前进方向送风，使烟雾远离尾部乘客。

图 5-41 列车中部着火且停在区间中部

④ 列车在区间隧道发生火灾，本区间的列车运行立即中止，另一条隧道也应立即停止正常的行车。列车在区间隧道发生火灾时的疏散程序如图 5-42 所示。

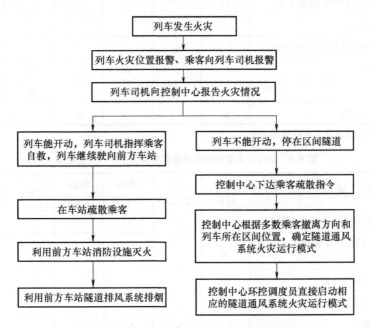

图 5-42 列车在区间隧道发生火灾时的疏散程序

2. 列车在车站发生火灾的客流组织疏导

如果列车在车站发生火灾，应该立即执行火灾紧急疏散计划，禁止线路其他列车开行和其他乘客进入火场，并利用车站楼梯、出入口来疏散乘客。

3. 车站内发生火灾的客流组织疏导

车站内火灾分为站台火灾和站厅火灾，发生火灾时应立即采取紧急措施，第一时间安全疏散乘客；同时停止车站空调系统，将地铁站的普通通风空调模式改为火灾情况下的通风模式。站台火灾紧急疏散和站厅火灾紧急疏散时各岗位工作人员的职责，分别见表5-2和表5-3。地铁站发生火灾的情况类似于地下建筑物发生火灾，因此，地铁相应设施的防火措施和车站站台、站厅紧急疏散程序的制订可以参考我国现行的相关防火疏散规范。不过，地铁站人员高度集中，出入口少，制订疏散程序时主要应考虑以下几个方面：

① 将火灾报警、疏散乘客等措施的实施与地铁及地铁站工作人员的职责结合起来，明确责任，提高救援效率。

② 宣布火灾紧急疏散计划，及时报告 OCC。

③ 关掉非疏散指引所需的广告灯箱等的电源，启动火灾情况下的通风系统模式。

表5-2 站台火灾紧急疏散乘客时各岗位工作人员的职责

职　责	值班站长	行车值班员	客运值班员	站台安全员	厅巡员	售票员	其他人员
发生火灾，向值班站长报告，并试图灭火		√	√	√			√
报告 OCC，要求停止本站列车服务，并请求支援	√						
宣布执行火灾紧急疏散计划	√						
指示环控操作人员		√					
关掉广告灯箱电源		√					
担任事故处理主任，指挥疏散和灭火	√						
向 OCC 报告火灾情况		√					
关停扶梯，将闸机设置为自由释放状态		√					
指引乘客疏散出站		√	√	√	√		√
拦截乘客进站					√	√	
引导消防员到火灾现场	√			√			

注：所有员工在完成疏散工作后参加灭火。

表5-3 站厅火灾紧急疏散乘客时各岗位工作人员的职责

职　责	值班站长	行车值班员	客运值班员	站台安全员	厅巡员	售票员	其他人员
发生火灾，向值班站长报告，并试图灭火		√	√	√			√
报告 OCC，要求停止列车服务，并请求支援	√						
宣布执行火灾紧急疏散计划	√						
指示环控操作人员执行灭火排烟模式		√					
关掉广告灯箱电源		√	√				

(续)

职　责	值班站长	行车值班员	客运值班员	站台安全员	厅巡员	售票员	其他人员
担任事故处理主任，指挥疏散和灭火	√						
向OCC报告火灾情况		√					
关停扶梯，将闸机设置为自由释放状态		√	√	√	√		√
指引乘客疏散出站			√	√	√		√
拦截乘客进站			√	√	√	√	√
引导消防员到火灾现场	√						

> **特色亮点：珍爱生命**
>
> 　　1987年11月18日，英国伦敦地铁君王十字车站发生了一起31人死亡（含1名消防中队长），大量人员受伤（含6名消防人员）的重大火灾；1955年10月28日傍晚，在阿塞拜疆首府巴库的地铁内发生了一场火灾，造成至少289人死亡，265人受伤；2003年2月18日上午，由于一名中年男子纵火造成韩国大邱市地铁1号线的中央路车站两列满载乘客的地铁列车被烧毁，共造成198人死亡，146人受伤，289人失踪。面对如此惨烈的火灾伤亡事故，我们深深地感觉到，"生命犹可贵，千金亦难买"。
>
> 　　生命只有一次，我们应该珍惜自己的生命：
>
> 　　① 永不放弃生的希望。珍爱生命的人，无论遭到多大的挫折，都不会轻易放弃生的希望。
>
> 　　② 肯定生命，尊重生命。实现人生的意义，要脚踏实地，从一点一滴的小事做起；在肯定、尊重、珍爱自己生命的同时，也应同样善待他人的生命。
>
> 　　③ 延伸生命的价值。生命的意义不在于长短，而在于对社会的贡献；我们要珍爱生命，让有限的生命焕发光彩，并为之不懈努力，不断延伸生命的价值。

四、突发水淹事件客流组织疏导

① 任何员工一旦发现出现水灾，应立即报告值班站长以下情况：水灾发生位置、流量、水源来自哪里、哪些设备可能会受到影响。

② 值班站长向行调报告：本站发生水淹事故，本站受到影响的区域、是否影响乘降及受影响设备的情况。

③ 值班站长携带防洪装备赶往事发位置，命令站务员和保洁员前往水灾区域。

④ 值班站长到达现场后评估情况，向行调汇报最新进展，视情况需要请求机电部门人力支援。

⑤ 站务员尝试用防洪板、沙包或其他填充物阻断水源，或抑制流量，在周边用提示牌和警戒线布置禁行区。

⑥ 车站可视出入口地面积水或渗漏水情况，关闭相关的出入口、电扶梯、电梯，引导乘客从未受到影响的出入口进出车站。

五、突发大面积停电事件客流组织疏导

车站应保证行车的信号、通信设备以及为旅客提供良好乘车环境的空调、通风、电扶梯等机电设备的需要进行供电。如果车站出现停电势必会造成乘客惊慌而使事态扩大。所以供电系统发生故障时，必须采取相应的组织技术措施，尽可能地缩小故障时间和影响范围，以确保乘客的人身和财产安全。

1. 车站安全疏散标识

每个地铁车站都有本车站的应急疏散线路图，当发生突发情况时，工作人员会引导乘客按照指示标识沿着疏散通道快速出站；但是当发生停电这种事故时，乘客不容易找到疏散通道，地铁公司为了应对这种情况，在地铁车站都配置了可自发光的向导标识牌，这些标识密集覆盖了地铁站内所有的障碍物、台阶及侧墙边沿，当地铁发生停电等事故时乘客可以按照疏散标识的引导顺利出站。

2. 车站大面积停电事件的客流组织

大面积停电为受地铁外部供电系统影响或地铁设备故障造成单个车站或车辆段及以上范围的交流电全部停电（不考虑直流逆变成的交流电）。

当车站大面积停电时，行车值班员向行调汇报，行调根据停电时间长短通知行车值班员。若长时间停电，请求行调让列车不停本站，指示站务员停止售检票，通知全站员工疏散乘客出站，并关闭车站。待恢复供电时，再重新开放车站；若短时间停电，值班站长安排人员关停扶梯，检查确认电梯没有关人后锁电梯，在乘客进出站的楼梯、电扶梯、闸机等重要的地方放置应急灯，并用手提广播引导乘客慢行进、出站。

车站大面积停电时的客流疏散操作程序见表 5-4。

表 5-4 车站大面积停电时的客流疏散操作程序

岗　　位	疏散操作程序
行车值班员	① 报行调，通知值班站长及车站工作人员、公安 ② 向行调了解停电的原因及恢复时间 ③ 接到行调发布大面积停电、列车停运、车站关闭的命令后，立即通知值班站长 ④ 广播宣布执行大面积停电疏散应急处理程序，反复广播指引乘客疏散 ⑤ 确认站内乘客疏散完后报行调 ⑥ 接到恢复供电的通知后，通知各岗位做好恢复运营的准备 ⑦ 检查车控室设备情况，向行调报车站运营准备工作，并向行调了解列车运行恢复情况，报值班站长
值班站长	① 确认大面积停电情况 ② 通知行车值班员广播宣布执行大面积停电应急处理程序 ③ 带应急灯（或手电筒）到站台指挥疏散，确认站台乘客疏散后，到站厅确认疏散情况 ④ 确认全站乘客疏散完后报车控室 ⑤ 组织关闭各出入口，安排员工检查电梯是否困人，做好车站巡视 ⑥ 到车控室收集各岗位处理情况，做好停运安排 ⑦ 接到供电恢复的通知后，指挥员工做好恢复运营的准备 ⑧ 接到恢复运营的通知后，确认车站投入正常运作
客运值班员	① 收到执行大面积停电应急处理程序的通知后，赶到车控室，协助行车值班员 ② 组织巡视岗到出入口张贴停止服务的告示，关闭出入口 ③ 与车控室保持联系，负责巡视出入口并做好解释 ④ 收到恢复供电的通知后，检查 AFC 设备、各种服务设备设施是否正常，并报车控室 ⑤ 接到恢复运营的通知后，组织撤除告示，打开出入口

(续)

岗 位	疏散操作程序
售票员	① 收到执行大面积停电应急疏散处理程序的通知后，打开闸机门和边门 ② 带应急灯（或手电筒）在楼梯、扶梯或光线不足等关键处引导疏散乘客出站 ③ 确认站内乘客疏散完后，协助客运值班员关闭各出入口，并张贴停止服务的告示 ④ 与车控室保持联系，负责巡视各出入口并做好解释 ⑤ 收到恢复供电的通知后，检查AFC设备、各种服务设备设施是否正常，关闭边门，并报车控室 ⑥ 接到恢复运营的通知后，撤除停止服务的告示，打开出入口，引导乘客进站
站台岗/ 巡视岗	① 收到执行大面积停电应急处理程序的通知后，立即赶到站台，疏散站台乘客出站 ② 确认站台疏散完后，报车控室，到站厅协助疏散 ③ 完成疏散，检查垂直电梯是否有困人后，与车控室保持联系，负责巡视站台 ④ 接到恢复供电的通知后，检查站台扶梯、站台门等设备设施情况和线路情况，报车控室 ⑤ 接到恢复运营的通知后，恢复正常运作
列车司机	接行调命令越站运行时执行

六、车站发现可疑物品客流组织疏导

1. 对车站发现可疑物品事件进行处置的基本原则

① 发生突发事件，现场人员迅速处置，立即按照信息报送要求上报。

② 处置突发事件时，在执行相关制度、预案基础上，以"以人为本"为原则，灵活选择"更有利、更快恢复"处置措施。

③ 处置过程中，做好自身防护，各履其责、服从指挥、按章操作、果断处置，严禁擅离职守，并按预案要求做好处置过程续报工作。

④ 把确保乘客安全和正常运营作为应急处置的出发点，最大限度地避免乘客伤亡及减少对正线运营的影响，若出现受伤人员，车站需做好初期救助。

⑤ 应急处置期间行车值班员加强与控制中心、值班室、现场处置人员安全互控。

⑥ 根据地铁公安的要求组织临时封闭车站，疏散乘客。

⑦ 确定具备恢复运营条件，经地铁公安同意后方可恢复正常运营。

扫一扫

发现无人看管
可疑物品的
客流组织

2. 车站发现可疑物品时的客流疏散操作程序

车站发现可疑物品时的客流疏散操作程序见表5-5。

表5-5 车站发现可疑物品时的客流疏散操作程序

岗 位	疏散操作程序
值班站长	① 接到通知后，到达现场确认，将现场情况通报行车值班员 ② 疏散周围乘客，对现场进行隔离，组织寻找目击证人 ③ 与地铁公安加强沟通合作，地铁公安到场后将现场交由地铁公安处理，做好协助工作 ④ 接封站通知后，宣布执行疏散模式，组织人员疏散，成立现场指挥部 ⑤ 需撤离时，至出入口安全区域集中，并清点工作人员 ⑥ 救援人员到达现场后，协助开展救援工作 ⑦ 地铁公安处理完毕，共同确认可恢复正常运营后，组织本站运营恢复工作 ⑧ 组织形成事件现场处置书面材料

(续)

岗　位	疏散操作程序
行车值班员	① 通知值班站长、地铁公安赶赴现场，并及时播放广播寻找失主 ② 报行调、值班室、站区管理人员 ③ 根据地铁公安的要求如需封站，经行调同意，播放广播组织乘客疏散，启动退票处置程序，安排专人至应急出入口接应救援人员，安排保洁前往各出入口张贴告示，安排安检值守各出入口，拦截乘客进站，乘客疏散完毕，报行调 ④ 需撤离时，携带800M无线便携台、手机至出入口安全区域集中 ⑤ 接到值班站长恢复正常的通知后，报行调、值班室，广播通知各岗位恢复运营
客运值班员	① 赶赴现场疏散周围乘客，对现场进行隔离 ② 如需封站，组织乘客疏散，做好车站客运组织、票务服务及票务应急工作 ③ 需撤离时，至出入口安全区域集中 ④ 接到恢复运营通知后，协助组织恢复运营
厅巡岗	① 接通知后，到现场做好处置区域隔离工作 ② 如需封站，关停进站方向电扶梯，疏散站厅乘客 ③ 前往应急出入口接应救援人员，拦截乘客进站 ④ 需撤离时，至出入口安全区域集中 ⑤ 接到恢复运营通知后，返回工作岗位
售票员	① 听从车站安排，做好支援准备，开启边门配合救援人员进出 ② 做好车站票务服务及票务应急准备 ③ 确认疏散时，收好钱箱锁闭票亭，打开边门引导乘客疏散 ④ 需撤离时，至出入口安全区域集中 ⑤ 接到恢复运营通知后，返回工作岗位
站台岗	① 维持好站台乘客秩序，做好处置区域隔离工作 ② 如需封站，关停与疏散方向不一致电扶梯并引导乘客至站厅 ③ 需撤离时，至出入口安全区域集中 ④ 接到恢复运营通知后，返回工作岗位

七、突发恐怖袭击事件客流组织疏导

1. 车站可能发生的恐怖袭击事件

地铁车站可能遭受到的恐怖袭击事件主要包括如下：
① 利用生物、化学毒剂对车站进行大规模袭击或攻击车站附近生化毒物运输设施。
② 利用纵火、爆炸、投掷毒气等手段对车站进行恐怖袭击。
③ 大规模伤害地铁运营工作人员或袭击地铁车站运营设施、设备，构成重大危害。
④ 在地铁车站范围内袭击国内外重要知名人士和暗杀、绑架人质。

2. 对车站发生恐怖袭击事件进行处置的基本原则

（1）统一指挥原则　　在应急指挥机构领导和指挥下，各相关部门充分发挥职能作用，密切配合，妥善地开展各项防恐工作。

（2）减少损失原则　　尽最大努力，最大限度地避免和减少人员伤亡、财产损失和社会影响，尽快恢复运营，维护公众生命和财产安全。

（3）快速响应原则　　采取一切有效通信手段，尽快将信息向相关部门汇报，各部门快速

反应，高效处理恐怖事件。

（4）平战结合原则　　将防恐和日常的安全生产工作紧密结合起来，加强对设施设备的安全维护，同时不断完善应急预案，加强应急演练工作。

（5）预防为主原则　　加强全员防恐意识的教育，落实日常的安全防卫工作，完善对作业场所出入人员管理；加强对危险物品的检查，落实安全巡查制度。

3. 车站遭受恐怖袭击时的客流组织疏导

发生恐怖袭击事件，事发车站要及时上报，通知地铁公安，请求救援。同时做好自身防护，组织现有力量开展紧急救援，疏散乘客。

城市轨道交通空间封闭，通风效果差，纵火、爆炸等恐怖袭击容易使危害扩大，造成较大的生命和财产损失，纵火处理方案如同车站火灾疏散。

车站接到被投放毒气信息的报警后，车站工作人员要保持冷静，迅速核实信息；对无法判别的不明物体，车站工作人员不要轻举妄动，迅速报告公司防恐工作组，请求专业人员进行排查。同时车站要设置安全防护，隔离可疑区域，做好乘客稳定工作，避免出现慌乱；必要时组织清客、关站。

项目六

城市轨道交通车站客流组织方案的编制与分析

学习导入

一个城市需要什么样的轨道交通,需要多大规模的轨道交通线网,这些都与城市客运交通需求有密切的联系。深入的客流特征分析是做好城市轨道交通线网规划和运输组织的基础。对于规划阶段的城市轨道交通线网,如何预测分析其未来特征年的客运交通需求,分析其轨道交通客流特征,可以为轨道交通线网规划和运行组织提供有力支撑;对已经建成的轨道交通系统,应加强轨道交通客流调查分析,找到城市轨道交通的客流与城市其他客运交通系统、城市社会经济发展等影响因素之间的作用规律,以期更好地指导运营组织工作,并为其他城市的轨道交通客流预测提供参考。

任务一 城市轨道交通客流分析

任务目标

1. 会对城市轨道交通客流进行分析。
2. 掌握城市轨道交通车站客流组织方案的编制方法。

知识课堂

一、客流特性分析

1. 客流的时间分布特性

城市轨道交通客流的时间分布与城市居民出行时间的规律性密切相关。

(1) 一日内小时客流分布特征分析 随着城市生活节奏的变化,城市轨道交通小时客流量在一天内呈驼峰形分布,有两个高峰期,上午上班、上学形成早高峰,下午下班、放学形成晚高峰,其他时间段则是客流平峰期。城市轨道交通分时断面客流量的一系列数据,就反映了小时客流量在一天内的分布变化规律。

城市轨道交通的运能、线路走向、所处交通走廊的特点以及车站所处区位的用地性质，使城市轨道交通车站客流在一天内随时间变化而不断起伏，可简要归纳出以下五种车站客流日分布曲线类型。

① 单向峰型。当城市轨道交通线路所处的交通走廊具有明显的潮汐特征，或车站周边地区用地功能性质单一时，车站客流分布集中，有早晚错开的一个上车高峰、一个下车高峰（图 6-1a）。

② 双向峰型。车站位于综合功能用地区，客流分布与其他交通方式的客流分布一致，有两个配对的早晚上、下车高峰（图 6-1b）。

③ 全峰型。城市轨道交通线路位于用地已高度开发的交通走廊，或车站位于公共建筑和公用设施高度集中的 CBD 地区，客流分布无明显的低谷，双向上、下车客流全天都很大（图 6-1c）。

④ 突峰型。车站位于体育场、影剧院等大型公用设施附近，演出节目或比赛结束时，有个持续时间较短的突变的上车高峰。一段时间后，其他部分车站可能有一个突变的下车高峰（图 6-1d）。

⑤ 无峰型。当城市轨道交通本身运能较小，或车站位于用地未完全开发地区时，客流无明显上、下车高峰，双向上、下车客流全天较小（图 6-1e）。

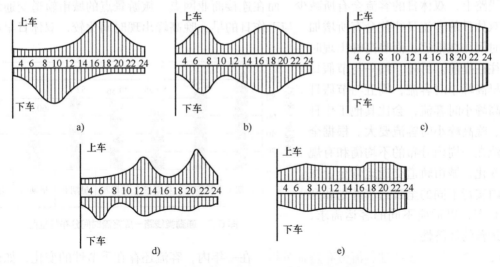

图 6-1　城市轨道交通车站客流时间分布特征示意图

在不同的城市轨道交通线路上，或者一条线路上不同的路段和集散点，其客流高峰比率是有所差异的，一般市中心商业区和对外交通枢纽的高峰比率较低，因为通勤和通学客流比例较低，客流在时间分布上相对比较均衡；而郊区线路、通往市区外围的居住区和工业区路段，主要服务于上下班客流，因此其客流高峰比率较高。

由于客流量在一天之内起伏变化，从运能运量合理匹配和运营经济性考虑，就要求城市轨道交通在一天内的不同时段配置不同的系统运输能力，即根据分时断面客流量确定合理的全日行车计划和车辆配备计划。城市轨道交通一般以调整行车密度的方式来配量不同运能，从而适应客流在一天之内的起伏变化，匹配高峰和平峰的客流需求差异。因此，当客流随时间起伏变化比较大时，采用"列车短编组"和"行车高密度"的系统配置方式，更能体现运营经济性和服务至上的宗旨：高峰时以较小的行车间隔、较高的行车密度，来满足高峰客流的需求；由于采用短编组，平峰时的行车间隔较短，缩短乘客候车时间，保证系统的服务水平，同时还可以提高列车平均满载率，降低单位乘客的平均运输成本。

针对不同的小时客流分布类型，可以采用线路单向分时客流不均衡系数来描述其全日客流分布状况，计算公式为

$$a_1 = \frac{\sum_{t=1}^{H} p_t / H}{p_{\max}}$$

式中　a_1——单向分时客流不均衡系数；

　　　p_t——单向分时最大断面客流量，人；

　　　H——全日营业小时数，个；

　　　$p_{\max}$——单向最大断面客流量，人。

a_1 趋近于零，则单向分时最大断面客流不均衡程度越大。在 a_1 较小，即在单向分时最大断面客流不均衡程度较大的情况下，为实现运输组织合理性和运营经济性，可考虑采用小编组、高密度行车组织方式，即在客流高峰时间段通过开行较多的列车来满足乘客运输需求，而在客流低谷时间段减少开行列车数，以提高车辆平均满载率。

（2）一周内全日客流分布特征分析（图 6-2）　由于人们的工作与休息是以周为循环周期进行的，这种活动规律性必然要反映到一周内全日客流的变化上来。在以通勤、通学客流为主的线路上，双休日的客流会有所减少；而在连接商业网点、旅游景点的城市轨道交通线路上，双休日的客流又往往会有所增加。与工作日的早、晚高峰出现时间比较，双休日早高峰出现时间往往推迟，而晚高峰出现时间又往往提前。另外，周一与节假日后的早高峰小时客流，周五与节假日前晚高峰小时客流，会比其他工作日的早、晚高峰小时客流要大。根据全日客流在一周内分布的不均衡和有规律的变化，城市轨道交通运营企业在一周内实行不同的全日行车计划和列车运行图，以适应不同的客运需求，提高运营的经济性。

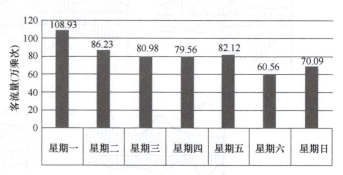

图 6-2　通勤类线路一周客流时间分布特征图

（3）季节性或短期性客流分布特征分析　在一年内，客流还存在季节性的变化，如南方的梅雨季节，市民出行率降低，城市轨道交通的客流会随之减少。但在旅游旺季，城市中流动人口的增加又会使城市轨道交通线路的客流增加，如图 6-3 所示。

短期性客流激增通常发生在举办重大活动或遇到天气骤然变化的时候。当客流在短期内增加幅度较大时，运营部门应及时执行大客流应急疏导方案，确保乘客安全、有序地乘车。2019 年第 100 届全国糖酒商品交易会在成都顺利举办，每年的糖酒会期间，成都地铁客流都会激增。2019 年糖酒会期间，成都地铁线网客运量

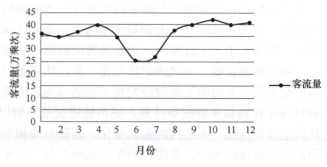

图 6-3　某城市季节性客流时间分布图

达 2543.09 万乘次。展览期第二日线网客运量突破当期历史记录，达 461.88 万乘次，如图 6-4 所示。

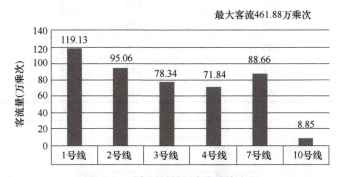

图 6-4　成都地铁糖酒会客流统计图

（4）**车站高峰小时客流分布特性分析（图 6-5 和图 6-6）**　车站高峰小时客流是确定车站设备容量或能力的基本依据。进行车站高峰小时客流分析时，首先应确定进、出站高峰小时的出现时间，其次才是分析客流量的大小。此外，还应分析客流的发展趋势，随着城市轨道交通新线的投入运营，既有城市轨道交通线路延伸，高峰小时进、出站客流会发生较大的变化。而车站吸引区内住宅、商业和文化娱乐等方面的发展也会使高峰小时进、出站客流发生较大的变化。

研究表明，城市轨道交通车站高峰小时客流具有以下特征：

① 车站客流的进、出站高峰小时出现时间与断面客流的高峰小时出现时间通常不同。

② 各个车站客流的进、出站高峰小时出现时间通常不同。

③ 同一车站客流的进、出站高峰小时出现时间通常不同。

④ 同一车站工作日客流与双休日客流的进、出站高峰小时出现时间通常不同。

⑤ 工作日高峰小时进、出站客流通常大于双休日高峰小时进、出站客流。

此外，通过分析地铁线网高峰小时单向运力（万人次/h）及高峰小时单向最大断面客流量（万人次/h），能得出高峰小时单向最大断面满载率（%）。例如，某地铁线路在 2019 年工作日高峰小时最大断面客流量及满载率如图 6-7 所示。

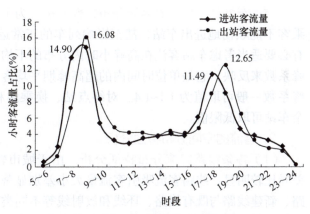

图 6-5　某地铁车站高峰小时客流分布图（一）

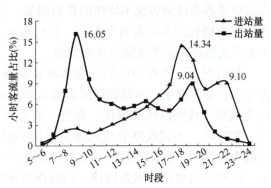

图 6-6　某地铁车站高峰小时客流分布图（二）

项目 线路	高峰小时单向运力 （万人次/h）	高峰小时单向最大断面 （万人次/h）	高峰小时单向最大断面满载率 （%）
1号线	2.99	3.61	120.74
2号线	2.25	3.28	145.78
3号线	2.05	2.1	102.44
4号线	1.61	2.65	164.6
5号线	1.61	2.21	137.27

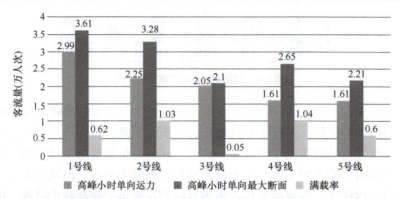

图6-7 某地铁线路在2019年工作日高峰小时最大断面客流量及满载率

（5）车站超高峰小时客流分布特性分析　为了避免因超高峰期内特别集中的客流而影响乘客不能顺畅地进出车站，甚至影响列车的正常运行秩序，在确定车站设备容量或能力时，有必要适当考虑车站客流在高峰小时内分布的不均衡性。车站超高峰期的客流强度可用超高峰系数来反映，它是单位时间内的超高峰期平均客流量与高峰小时平均客流量的比值。超高峰系数一般可取值为1.1~1.4。对终点站、换乘站和客流较大的中间站通常取高限值，而其余车站可取低限值。

2. 客流的空间分布特性分析

（1）各条线路客流分布特征分析　由于城市轨道交通线网属性比较复杂，线路之间的差异比较明显，线路客流吸引客流量大小差别显著，呈现明显不均衡性。郊区线路与市区线路、新建线路与既有线路、环线和放射线等不同类型的线路客流分布差异较大。沿线土地利用状况的不同是各条线路客流不均衡的决定因素，而城市轨道交通线网与其他交通工具接驳的现状也是各条线路客流不均衡的影响因素。各条线路客流的不均衡包括现状客流分布的不均衡和客流增长的不均衡两个方面，它们构成了整个城市轨道交通线网客流分布的不均衡，图6-8为成都地铁各条线路的客流分布。

一般情况下，穿越市区的线路客流量明显大于郊区线路。市区线中，不同线路间客流量有差别；郊区线中，不同线路间客流量差别很大。这是因为市区线路沿线，土地开发地郊区较为成熟，线路沿线的居住、办公、商业和旅游人群较多，所吸引的客流量明显大于郊区线。在市区，不同线路沿线具体情况也不同。比如，穿越商业区的类型和个数不同，也会引起客流差异。在城市郊区，不同郊区的发展规模和成熟度不同，其客流差异也比较大。比如，成都的南城比北城发展快，因此南城地铁线路多，且客流量大。各个城区定位不同、发展速度也不同。比如，成都高新区被定义为城市CBD核心区外延，高新区的发展速度较快，地铁沿线客流量大，所以成都地铁1号线客流量明显大于其他几条郊区线。

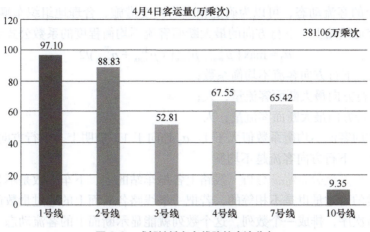

图 6-8　成都地铁各条线路的客流分布

（2）上下行方向客流分布特征分析　由于客流的流向原因，城市轨道交通线路上、下行方向的最大断面客流通常是不均衡的。在放射状的城市轨道交通线路上，早、晚高峰小时上、下行方向的最大断面客流不均衡尤为明显。由于方向上的客流动态不同，可分为双向型和单向型动态客流。

① 双向型客流。上、下行的运量数值接近相等，市区线路属于双向型的较多。这种线路在车辆调度上比较容易，同时车辆的利用率比较高。双向型客流示意图如 6-9 所示。

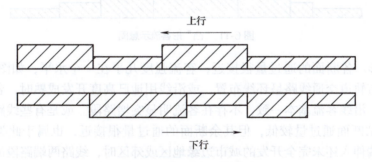

图 6-9　双向型客流示意图

② 单向型客流。上、下行的运量数值差异很大，特别是通向郊区或工业区的线路，很多是属于单向型的。这样的线路车辆调度上比较复杂，车辆的有效利用率较双向型线路低。单向型客流示意图如图 6-10 所示。

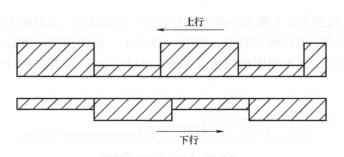

图 6-10　单向型客流示意图

研究方向上的客流动态，可以为确定相应的调度措施、合理地组织车辆运行提供依据。反映城市轨道交通线路上、下行方向的最大断面客流不均衡程度的系数公式为

$$\alpha_2 = \max\{p_{\max}^{\text{上}}, p_{\max}^{\text{下}}\}/(p_{\max}^{\text{上}} + p_{\max}^{\text{下}})/2$$

式中　α_2——上、下行方向客流不均衡系数；
　　　$p_{\max}^{\text{上}}$——上行方向最大断面客流量，人；
　　　$p_{\max}^{\text{下}}$——下行方向最大断面客流量，人。

上、下行方向客流不均衡系数值大于1。α_2趋向于1，表明上、下行方向客流比较均衡，α_2越大，表明上、下行方向客流越不均衡。

（3）线路断面客流分布特征分析　线路上各停车站的上、下车人数是不相等的，因此车辆通过各断面时的通过量也是不相等的，若把一条线路各断面上的通过量数值，按上行或下行各断面的前后次序，排成一个数列，这个数列就能显示断面上的客流动态。从这些数量关系中可以看出，客流在不同时间内在断面上的分布特点与演变规律。客流在线路各断面上的动态分布是有一定特点的，从整条线路归纳起来，大致有以下几种主要类型：

①"凸"形。各断面的通过量以中间几个断面数值为最高，断面上的客流量呈凸出形状，如图6-11所示。此种类型是当城市轨道交通线路途经大型对外交通枢纽高密度开发地区或者车站，利用周边常规公交线路辐射范围广阔时，位于该区位车站的断面客流明显偏大，线路客流存在突增的路段。

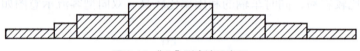

图6-11　"凸"形客流示意图

②"平"形。各断面的通过量很接近，客流强度几乎在一个水平，如图6-12所示。此种类型是当城市轨道交通线路呈环线布置，或沿线用地已高度开发成熟时，各车站上、下车客流接近相等，沿线客流基本一致，不存在客流明显突增路段。或是有些线路在接近起、终点站前的1~2站断面通过量较低，但其余断面的通过量很接近，也属于此类型，即城市轨道交通线路两端伸入还未完全开发的城市边缘地区或郊区时，线路两端路段的客流小于中间路段的客流。

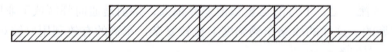

图6-12　"平"形客流示意图

③"斜"形。线路上每个断面的通过量由小至大逐渐递增，或者由大至小逐渐递减。在断面上显现梯形分布，整体构成斜形，如图6-13所示。此种类型是当城市轨道交通线路首末车站位于大型对外交通枢纽附近或城市中心CBD地区时，随着线路向外延伸，线路客流逐渐缩小。

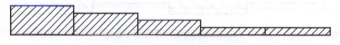

图6-13　"斜"形客流示意图

④ "凹"形。与"凸"形断面的通过量特点正好相反，中间几个断面的通过量低于两端断面的通过量。全线路断面的通过量分布呈凹形，如图 6-14 所示。

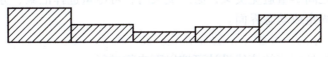

图 6-14 "凹"形客流示意图

⑤ 不规则形。不规则形是指线路上各断面的通过量分布高低不能明显地表示为某种类型的形状。

在断面客流不均衡程度较大的情况下，为了运营的经济性，可考虑采用特殊交路列车开行方案。当断面客流分布为"斜"形时，可采用大客流区段和小客流区段分别开行不同数量列车的衔接交路方案，或在大客流区段加开区段列车的混合交路方案；当断面客流分布为"凸"形时，可采用在大客流区段加开区段列车的混合交路方案。在列车密度较大的情况下，采用特殊列车交路与加开区段列车措施，此时对行车组织和折返设备都会提出新的要求，线路通过能力与中间站折返能力是否适应是采用特殊列车交路与加开区段列车措施的充分条件，因此必须进行能力适应性的验算。

因此，反映城市轨道交通线路单向断面客流不均衡程度的系数公式为

$$a_3 = \frac{p_{\max}}{\sum_{i=1}^{k} p_i / K}$$

式中　a_3——单向断面客流不均衡系数；

p_i——单向断面客流量，人；

K——单向线路断面数，个；

$p_{\max}$——最大断面客流量，人。

a_3 趋向于 1，表明断面客流比较均衡，a_3 越大，表明断面客流越不均衡。当 $a_3 \geq 1.5$ 时，表明断面客流的不均衡程度比较大。

（4）站间 OD 客流分布特征分析　站间 OD 客流分析的重点是各个客流区段内和不同客流区段间的各站到发客流分布特征。在城市轨道交通线路较长，并且各个客流区段的断面客流不均衡程度较大时，大客流区段通常位于市区段，小客流区段通常位于郊区段。站间 OD 客流分布特征可以用市区段内与郊区段内各站间到发客流分别占全线各站总到发客流的百分比，以及在市区段与郊区段间各站到发客流占全线各站总到发客流的百分比来反映。

二、客流流线分析

1. 客流流线的概念

车站客流组织的核心是流线的设计与实施。在客运站上，由于旅客、行包和交通车等进出活动，形成一定的流动过程和流动路线，将它们通常称为流线。流线设计具体反映了客流对车站站房及各类设施的设置及布局要求，流线组织是否有效既对车站作业安全、效率及能力有重要影响，同时也直接关系到对乘客服务质量的高低。因此，合理的流线设计是客运站设计和管理中的重要环节。

以城市轨道交通车站客流为研究对象时，我们按其目的的不同分为进站流线、出站流线和换乘流线。不管是何种形式的车站（高架、地下、地面），其进站客流最基本的流线是：

地铁客流流线分析

进站→安检→购票→检票→楼梯或通道→站台→乘车。出站客流则反之,进、出站流程基本是两个对称的逆向过程。换乘客流的流线前部分与出站客流流线一致,后部分与进站客流流线一致。不同流线之间尽量避免交叉,必须交叉时,可尽量选择汇聚、分叉和相切关系,使流线之间保持一个固定或动态界面。

2. 客流流线设计

城市轨道交通车站客流的流线设计可按以下步骤进行:

(1) 明确车站整体结构 明确车站整体机构布局,是进行流线设计的基础。

(2) 根据车站功能要求,确定车站流线类型,构思总体方案 在对地铁车站进行流线设计时,首先弄清车站整体的功能要求,弄清车站的特点和性质,确定了流线的种类后,才能有的放矢地进行流线设计。根据车站功能的不同,大致可分为以下几种类型:

① 以换乘为主要功能的车站,主要应考虑乘客的换乘条件,以尽可能减少换乘距离为主要因素进行设计,流线要保留足够的换乘能力。

② 接驳大型客流集散点的车站,需要结合突发大客流的要求,设置充足的客流集散区域,使乘客方便快捷地进站和出站。

③ 与建筑物开发结合的车站应将进出站客流与其他类型的客流明显区分开,减少相互间的干扰,流线的设计应考虑结构的统一性。当然,车站的功能需要不止以上几种,一般是将以上几种根据其他功能需要结合在一起的组合,在确定车站流线时,对此都要加以考虑。

(3) 乘客特征分析 由于地铁车站设置位置的不同,不同位置的车站对乘客的吸引程度不同,因此在某些车站乘客的出行表现出一定的相似度。如在大型客运枢纽处设置的地铁站内,乘客特征表现为携带大型行李的乘客较多。通过对乘客特征的分析,可以为提高乘客在流线上走行的舒适性提供参考。

(4) 确定出入口形式 出入口的设置可以采用单向出入或混合出入的方式。单向出入口的设置要考虑乘客的方便程度,同时要与车站周围环境相协调。

(5) 区域设施布置 要注意售检票区域、换乘区域和站台区域设施布置。

(6) 既定流线的生成 当进出口和设施设置位置确定后,就产生了规定的流线方案,再通过优化的过程,获得最优的流线方案。车站客流流线设置、设施设备布局等应综合考虑反恐防范、安检、治安防范和消防安全需要。与火车站、长途客运站、机场等相衔接的车站,提供的安检场地应为安检互认提供便利,以减少重复安检,提高通行效率和服务水平。

(7) 客流流线调整 因新线开通、车站客流变化、车站设施设备布局改变、枢纽站衔接等,需要对客流流线进行调整的,应对车站整体客流流线、人员疏散进行统筹论证,必要时,可组织专家进行风险评估。

3. 客流流线分析内容

地铁客流流线分析的内容包括明确客流流线的类型、明确各类型流线的分布情况、分析瓶颈区域形成和冲突点产生的原因。

> 📚 **案例分析——成都地铁三线换乘车站太平园站**
>
> 　　成都地铁太平园车站为3、7、10号线三线换乘车站,3号线双流西站方向换乘10号线往双流机场2航站楼方向时,需由3号线站台升至站厅后再到达10号线站台完成换乘;10号线太平园方向换乘3号线成都医学院方向可实现同台换乘。3号

线换乘7号线时,需由站台升至站厅后下至7号线站台完成换乘,7号线换乘3号线时,根据指向标通过站台中部十字楼梯通道换乘。7号线与10号线互换都根据导向标识通过通道换乘。太平园站有A、B、C、D、E、F六个出入口,其中B、C、E、F四个出入口外可乘坐公交车,图6-15为成都地铁太平园站换乘流线立体图。

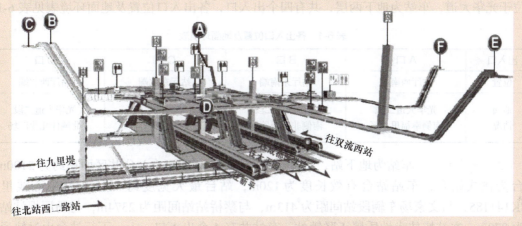

图6-15　成都地铁太平园站换乘流线立体图

任务二　城市轨道交通车站客流组织方案编制

任务目标

通过案例分析,全面掌握客流组织方案的编制内容和编制方法。

知识课堂

一、客流组织方案编制内容

客流组织方案编制内容如下:
① 车站概况(周边环境及车站结构、车站客运组织模式、客流分析)。
② 车站设备、设施能力分析(客运服务设施、AFC设备情况、安检设备分布、设备通过能力、站台站厅付费区容纳能力)。
③ 客流组织方式。
④ 车站客运安全关键点及应对措施。
⑤ 正常情况下客流组织。
⑥ 大客流情况下客流组织。
⑦ 超大客流情况下客流组织。

二、案例分析——成都地铁非遗博览园车站客流组织方案编制

1. 车站概况及类型

（1）车站概况　非遗博览园站位于光华大道二段与五洲路交汇处，主体顺光华大道东西布置，是地铁4号线一期工程的始发站。南面为幸福里安置小区，东南面为非遗博览园。车站位于光华大道，车站为地下两层，共有四个出入口，各出入口位置及地面环境表见表6-1。

表6-1　各出入口位置及地面环境表

出入口	A口	B口	C口	D口
位置	站厅西南端	站厅东南端	站厅东北端	站厅西北端
地面情况	光华大道二段南侧幸福里小区	光华大道二段南侧非遗博览园	光华大道二段北侧	光华大道二段北侧佳兆业广场

（2）车站类型　车站为地下站，站厅、站台同层，站厅（台）公共区面积约为2100m²，站台为侧式站台，车站站台有效长度为120m，站台最大宽度约7m。车站中心线里程YCK14+185，与文家场车辆段站间距为413m，与蔡桥站站间距为2374m，与马厂坝站站间距为870m。本站按技术性质属于联锁站。车站共有4个出入口，上、下行站台由过轨通道相连。其中向下扶梯4个、向上扶梯6个、步梯6个。

2. 车站设备、设施能力分析

非遗博览园站站厅（台）设备布置图如图6-16所示。

（1）客运服务设施　客运服务设施车站共有自动扶梯10部、步梯6部、垂直电梯2部，具体分布见表6-2。

表6-2　自动扶梯、步梯、垂直电梯数量及分布

部　位	位　置	数量/部	方　向
步梯	上行站台过轨通道	1	上/下通用
	下行站台过轨通道	1	上/下通用
	A出入口	1	上/下通用
	B出入口	1	上/下通用
	C出入口	1	上/下通用
	D出入口	1	上/下通用
自动扶梯	上行站台过轨通道	1	上行
	下行站台过轨通道	1	上行
	A出入口	2	上下行各一个
	B出入口	2	上下行各一个
	C出入口	2	上下行各一个
	D出入口	2	上下行各一个
垂直电梯	A出入口/过轨通道南端	1	上/下通用
	D出入口/过轨通道北端	1	上/下通用
残疾人牵引机	无	—	—

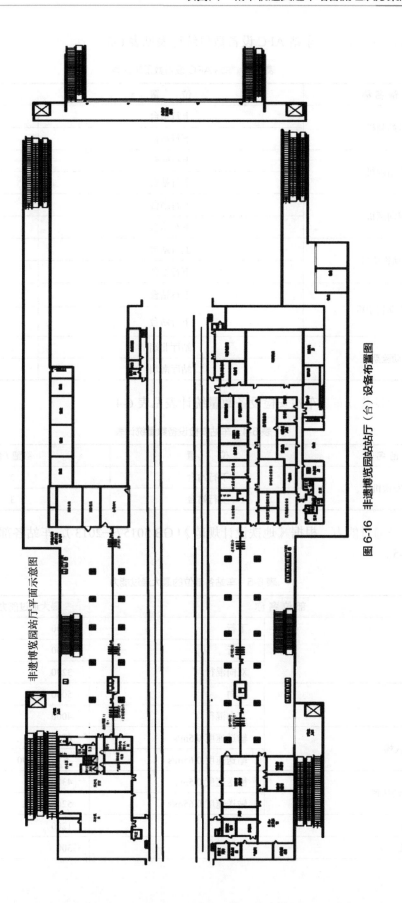

图 6-16 非遗博览园站站厅（台）设备布置图

（2）AFC 设备情况　车站 AFC 设备数量统计表见表 6-3。

表 6-3　车站 AFC 设备数量统计表

设备名称	位置	数量/台
进站闸机	上行站台	3
	下行站台	3
出站闸机	上行站台	2
	下行站台	6
双向闸机	上行站台	4
	下行站台	1
自动售票机	上行站台	8
	下行站台	6
半自动售票机	上行站台	2
	下行站台	1
自动验票机	站厅北端	1
	站厅南端	1

（3）安检设备分布　车站安检设备数量统计表见表 6-4。

表 6-4　车站安检设备数量统计表

设备名称	位置	数量/台
安检机	下行站台	2
	上行站台	3

（4）设备通过能力　根据《地铁设计规范》(GB 50157—2013)，车站各部位的最大通过能力见表 6-5。

表 6-5　车站各部位的最大通过能力

部位名称		最大通过能力/(人次/h)
1m 宽楼梯	下行	4200
	上行	3700
	双向混行	3200
1m 宽通道	单向	5000
	双向混行	4000
1m 宽自动扶梯	输送速度 0.5m/s	6720
	输送速度 0.65m/s	不大于 8190
0.65m 宽自动扶梯	输送速度 0.5m/s	4320
	输送速度 0.65m/s	5265
人工售票口		1200
自动售票机		300

(续)

部位名称			最大通过能力/(人次/h)
人工检票口			2600
闸机	三杆式	非接触IC卡	1200
	门扉式	非接触IC卡	1800
	双向门扉式	非接触IC卡	1500

根据车站客流情况现场采集的数据，设备设施的通过能力，见表6-6。车站站台容纳能力见表6-7。

表6-6 设施设备能力说明

部位	规格/数量	设计通过能力/(人次/h)
过轨通道楼梯	宽：2.35m	7520
A口楼梯	宽：2.5m	10000
B口楼梯	宽：2.4m	10000
C口楼梯	宽：2.4m	10000
D口楼梯	宽：2.4m	10000
过轨通道	宽：6m	24000
各出入口及过轨通道电扶梯	宽：1m	1m宽扶梯：输送速度为0.5m/s，6720；0.65m/s，8000
安检能力	3台	9000
上行站台进闸机（不含双向）	3台	7632
下行站台进闸机（不含双向）	3台	7632
上行站台出闸机（不含双向）	2台	1800
下行站台出闸机（不含双向）	6台	3600
上行站台双向闸机	4台	根据现场实际情况参照此列进站或者出站
下行站台双向闸机	1台	根据现场实际情况参照此列进站或者出站
上行站台自动售票	8台	1100
上行站台半自动售票	2台	400
下行站台自动售票	6台	300
下行站台半自动售票	1台	100

表6-7 车站站台容纳能力（减去三角间面积）

站台序号	站台类型	面积/m²	最大容纳人数（人）
上行站台	侧式站台	692.18	2307
下行站台	侧式站台	545.12	1817

车站站台最大容纳人数计算公式为

$$V = S/s$$

式中 V——最大容纳人数；

S——站台面积；

s——每位乘客平均占用面积（取值 0.3m²/人）。

3. 客流分析

（1）**整体客流特征**　基本构成特点：由于光华大道南侧有居民区、非遗博览园，温江至成都方向公交车也在此停靠，因此，客流以通勤、通学和商业客流为主。车站客流主要以 A 口、B 口进站为主，约占每日进站客流 75%。空间特点：站厅 A 端客流与 B 端客流略有凸显。其中 A 端集散量占全站 30%，B 端集散量占全站 45%。方向特点：早高峰上行西河方向进站客流较多，约占全日进站客流 16%，晚高峰下行万盛方向出站客流较多，约占全日出站客流 13%，平峰期进出站较为均衡，见表 6-8。

表 6-8　高峰时段客流统计表

客流峰期	早高峰进/出站人数		早高峰进出站客流占比		晚高峰进/出站人数		晚高峰进出站客流占比	
	进站	出站	进站	出站	进站	出站	进站	出站
早高峰 08:00—09:00	1205	362	0.19	0.06	—	—	—	—
晚高峰 17:30—19:00	—	—	—	—	566	998	0.10	0.17

（2）**工作日预测客流数据及分析**　4 号线二期开通前工作日早高峰出现在 8:00—9:00 时段，晚高峰持续时间较长，出现在 17:00—19:00 时段，二期开通前非遗博览园站工作日早高峰进站量为 5801 人次，早高峰出站量为 5339 人次；晚高峰进站量为 4623 人次，出站量为 4757 人次。二期开通后，早高峰日均进站量为 1205 人次，出站量为 362 人次；晚高峰日均进站量为 566 人次，出站量为 998 人次。

（3）**周末预测客流数据及分析**　非遗博览园最新客流数据，双休日的高峰出现在 17:00—18:00 时段。非遗博览园站双休日高峰日均进站量为 602 人次，高峰出站量为 771 人次。

（4）**特殊时间段预测客流数据及分析（节假日、展会）**　节假日、展会期间，非遗博览园站进站量为 13352 人次/日，高峰出站量为 12805 人次/日，小时高峰进站量为 1036 人次，出站量为 687 人次，客流对车站的客流组织影响不大，在可控范围内。

4. 客运安全关键点及应对措施

客运安全关键点及应对措施见表 6-9。

5. 正常情况下客流组织

（1）**车站日常岗位设置及职责**　非遗博览园站日常岗位人员安排见表 6-10，车站日常岗位设置及职责见表 6-11。

（2）**车站日常客运组织措施**　车站站厅、站台同层且为侧式站台，进站乘车的乘客进入车站站厅非付费区，需在非付费区购买车票后再经过安检进入付费区。由于车站客流以通勤客流为主，车站单程票使用率不高，大部分乘客使用天府通卡进出站，因此售票压力较小，但出站时处理乘客票务事务较多。

由于本站周边主要是住宅小区，呈早晚高峰、节假日高峰的情况。早晚高峰期间，客运值班员与值班站长在公共区做好早晚高峰引导；节假日高峰提前做好大客流组织方案，安排组织加班人员做好高峰进出站引导，值班站长、客运值班员各司其职。日常车站安排专人与非遗博览园园区工作人员联系，掌握博览园开展的各类活动，提前做好客运组织安排。

表6-9 客运安全关键点及应对措施

风险点类别	风险名称	风险分析	防范措施
日常客流组织	扶梯口与站台门之间	乘客常规是在扶梯上看见列车的到来，马上从扶梯冲向列车，存在因乘客抢上而造成的夹人、夹物现象	为了防止乘客抢上而造成的行车安全风险，车站在站台客流的扶梯口使用活动围栏设置缓冲区，在扶梯口处安装固定栏杆
	扶梯口易形成客流交叉	因车站扶梯走向设置、楼梯/扶梯设置方法与整体客流走向，部分扶梯口会存在客流交叉现象，导致扶梯口乘客积聚，降低乘客走行速度，客流无法及时疏散	在楼梯/扶梯之间设置护栏，防止上下乘客客流交叉；在高峰期间，安排人员在楼梯、扶梯口之间引导乘客，分散乘客到人较少的扶梯或楼梯进出站或换乘，尽快疏导乘客；增加广播和告示提醒乘客注意；在站内的所有扶梯口处加装固定栏杆，防止乘客交叉
	扶梯故障情况	扶梯故障时，相应部位通行能力将明显降低，关键部位容易发生乘客拥堵	当扶梯故障时，车站除了关注扶梯处外，还需安排人员在扶梯口引导： ① 对于只有一台上行电扶梯的情况，及时引导出站乘客从两端楼梯上到站厅，大件行李或行动不便的乘客引导走垂直电梯，防止因乘客拥挤或客流交叉导致安全事件的发生 ② 对于有两台并排电扶梯的情况，若上行电扶梯故障，需及时将下行电扶梯改为向上，楼梯向下单向通行，大件行李或行动不便的乘客引导走垂直电梯，既保证站内乘客疏散能力，避免站内乘客积聚，又防止因乘客拥挤或客流交叉导致安全事件发生；若是下行电扶梯故障，将该台扶梯停用，楼梯向下单向通行，大件行李或行动不便的乘客引导走垂直电梯 ③ 对于独立付费区的转角电扶梯，若上部分扶梯故障，应关停下部分扶梯，站务员应立即设立围栏等安全防护。同时在站台转角扶梯下方增设引导岗，引导站台乘客搭乘垂直电梯或站台中部A、B端电扶梯至站厅；若下部分扶梯故障，站务员应立即将故障扶梯设立围栏等安全防护，在站台转角扶梯下方增设引导岗，引导站台乘客搭乘垂直电梯或站台中部A、B端电扶梯至站厅，上部分电扶梯正常向上开启
	站厅风险点	在节假日期间，较多外来乘客到成都旅游、购物，此类乘客均是购买单程票，常常会出现因乘客不懂操作购票设备，导致自动售票机前排长队，造成进站客流和购票客流交叉	节假日时，大客流车站应提前准备预制票点，加大售票能力，利用活动围栏或伸缩带将自动售票机购票的队伍缩短，留出空间让进站的乘客通行，防止客流交叉情况出现；同时，加强广播宣传，引导乘客去预制票厅购买单程票
	出入口风险点	在节假日期间，客流的聚集点及时间较为集中，站内及出入口乘客较多，对于出入口通道较长，乘客停留在出入口的时间较长，容易出现因通道不通风，容易让乘客感到不适的情况。另因雨天时，乘客因避雨而在出入口停留，堵塞扶梯口，阻挡后面乘客出站，容易发生客伤事件	为了避免进出站乘客交叉，长期滞留在出入口或通道。要求各车站在节假日前，提前做好出入口控制的准备工作，在出入口设置活动围栏。根据日常节假日客流情况，提前做好控制措施，有效地控制乘客进出站的秩序，对于长通道聚集乘客较多时，应引导乘客到短通道的出入口出站，加快出站速度。雨天时，为了防止乘客聚集在出入口，可安排人员引导，播放广播宣传，安排员工派发一次性雨衣，疏导出入口的乘客

(续)

风险点类别	风险名称	风险分析	防范措施
突发性大客流客运组织	站厅、站台	因突发性大客流，车站出入口进站的乘客较多，站厅自动售票机前购票乘客排长队，站台候车乘客拥挤，候车人数超出设置控制范围	日常加强人员对突发性大客流控制措施的培训及演练。当出现突发性大客流时，值班站长应马上采取客流控制措施，请求支援，增加临时售票点加快售票速度。向行调申请延长停站时分和加开列车，增加站台人员维持候车乘客秩序。在出入口、站厅安检控制进站客流，出入口、站厅和站台负责人做好联系，让乘客分批进站乘车，确保车站客运组织工作安全、有序
突发性大客流客运组织	楼梯、扶梯口	因乘客较多，容易出现乘客上、下扶梯或楼梯时踏空、拥挤情况，造成安全事件的发生	当大客流时，车站应关注扶梯的运行情况，扶梯岗做好安全注意事项宣传。发现突发事件，扶梯岗应立即采取应急措施，防止群死群伤事件发生。空间较窄的楼梯，高峰期间可采用单向行走方式，防止上下客流交叉或拥挤
故障应急情况下，车站客运组织	当发生列车延误时	在发生列车延误时，车站的风险点在站台。尤其是换乘站，一条线故障，另一条线的乘客不断拥挤到故障线路的站台，导致站台人员拥挤、空气不畅通等情况，容易出现乘客晕倒或踩踏等影响乘客人身安全事件	车站要根据列车延误的情况和站台候车人数，提前控制进站或换乘的乘客，设置换乘绕行，做好节点卡控，减轻故障线路站台的压力。当列车延误时间过长时，需组织乘客退票出站换乘其他交通工具，必要时可向正常线路的行调申请列车通过本站，防止因站台客流较拥挤，发生安全事件
故障应急情况下，车站客运组织	启动公交接驳时	当启动公交接驳时，乘客听到车站宣传广播后，会涌到出入口等待接驳车，容易出现乘客过度拥挤、推拉的情况	当车站收到行调命令准备启动公交接驳时，需提前做好准备工作（如出入口摆放公交接驳牌、活动围栏、公交接驳备品等），设置好等候区后再分批引导乘客到相应的出入口排队等候接驳车。值班站长及时了解公交接驳车到达时间，并做好乘客安抚工作。如公交接驳车长时间未到站，应停止进行公交接驳广播，增加安排人员在站厅、站台引导后续乘客出站换乘其他交通工具（派发公交信息指引卡），避免因公交接驳点候车乘客过多而引发安全事件

表6-10 非遗博览园站日常岗位人员安排

值班站长	行车值班员	客运值班员	行车值班员协岗	售票		站台		合计
				上行站台	下行站台	上行站台	下行站台	
1	1	1	1	1	0	1	1	7

表6-11 车站日常岗位设置及职责

序号	地点	岗位	岗位职责	携带备品
室内及出入口：共19人				
1	当班负责人（A1，负责全站管理）		负责当班期间车站全面工作，对站厅以及出入口进行巡视，负责当班期间乘客事物处理，当出现大客流时到B口	对讲机、800M无线便携机各1台
2	票管室	C1协兼	负责白班的票务运作，负责配票、结账、开钱箱等工作，完成早班相应票务报表，每1h了解一次车票售卖情况	AFC设备钥匙一套、对讲机1台
3	车控室	C1	负责监控站台安全、列车运行，收集统计各类数据及信息；协助值班站长做好各岗位协调工作	对讲机、800M无线便携台各1台

（续）

序号	地点	岗位职责	携带备品
4	F1（下行站台） F2（下行站台）	站台正岗，负责对列车进出监控、站台乘客安全及突发事情处理，主动引导乘客分散候车，客流控制时与北厅出入口负责人做好信息联控。应急情况下听从站台（厅）负责人指挥	对讲机1台、站台钥匙一套、腰包1个
5	F3（上行站台） F4（上行站台）	站台正岗，负责对列车进出监控、站台乘客安全及突发事情处理，主动引导乘客分散候车，客流控制时与北厅出入口负责人做好信息联控。应急情况下听从站台（厅）负责人指挥。负责半自动售票机票亭运作以及乘客事务处理，同时兼顾列车清客工作	对讲机1台、站台钥匙一套、腰包1个
6	D1（上行票亭） D2（上行票亭）	负责半自动售票机票亭运作以及乘客事务处理	站台钥匙一套
7	D3（下行票亭） D4（下行票亭）	负责半自动售票机票亭运作以及乘客事务处理	站台钥匙一套

（3）车站日常客流组织图　车站日常客流组织图如图6-17所示。

车站早晚高峰客运组织措施如下：

措施1：将上、下行站台过轨通道的电扶梯向上开启，以便从两边进站乘客从过轨通道到达站台乘车。

措施2：下行站台三台进站闸机、六台出站闸机开启，将一台双向闸机开放为出站。

措施3：值班站长在站台进行引导，确保乘客能正常上、下车，避免夹人、夹物。

措施4：上行进站客流大，安检排长队，开启A端安检机，将三台双向闸机设为进站，如图6-18所示。

6. 大客流组织

（1）大客流期间岗位安排　非遗博览园站大客流期间岗位人员安排见表6-12。

表6-12　非遗博览园站大客流期间岗位人员安排

值班站长	行车值班员	客运值班员	行车值班员协岗	机动岗（值班员、引导岗）	售票			站台		合计
					上行站台	下行站台	预制票	上行站台	下行站台	
1	1	1	1	4	2	2	3	2	2	19

（2）大客流客运组织采取措施

措施1：与非遗博览园相关部门取得联系，随时了解其活动组织计划和时间，对客流做好预判，及时做好相关客流组织安排。

措施2：根据出入口实际情况合理设置活动围栏和卡控点，特别是对B口（近非遗博览园）活动围栏设置，注意将街道通行通道和进站客流通道隔离开。

措施3：在大客流情况下，进行客流控制时车站客运组织将有以下改变：

a. 安排人员在B口进行引导，引导乘客从C口进站到达上行乘坐地铁。

b. 关闭A、B口电扶梯并隔离，进站乘客经步梯进站。同时在A、B口设置应急通道，满足特殊情况需要出站的乘客。

c. 将过轨通道封闭。

d. 关闭无障碍电梯，张贴告示，提示需要使用的乘客拨打服务热线或告知现场工作人

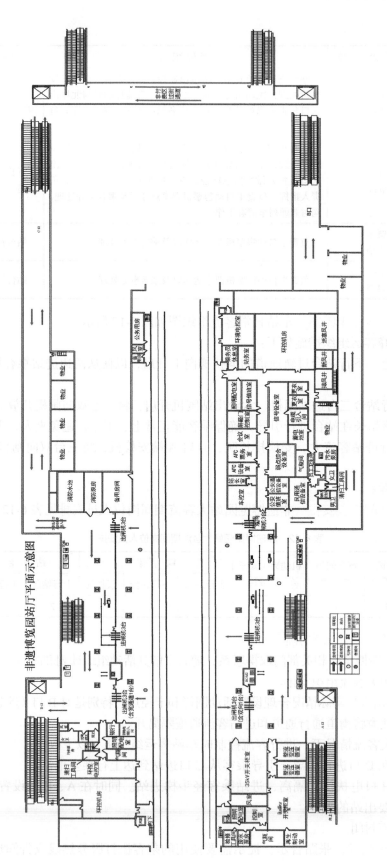

图 6-17 非遗博览园站站厅日常客流组织图

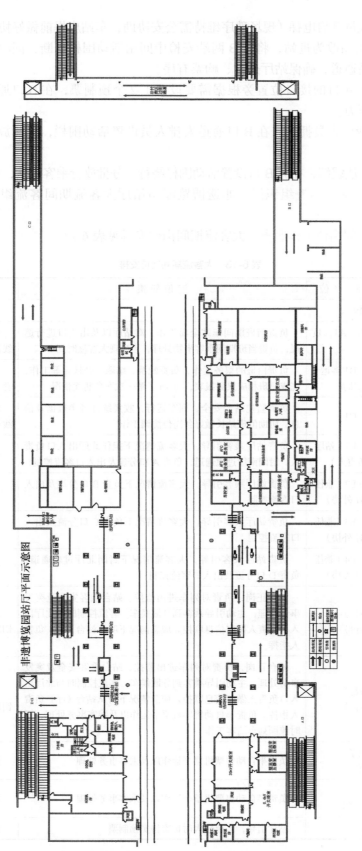

图6-18 非遗博览园站站厅（台）高峰客流组织图

员，由现场工作人员开启电梯（现场秩序维持需公安协助，车站应提前做好协商）。

e. 站厅 A 端出站改为进站，将 A/B 两端安检中间用活动围栏隔断，同时在非付费区用活动围栏设置进站通道，确保站厅进站、购票有序。

f. 在站厅通往 A 口的接口位置旁根据需要设置 1~2 个预制票，在 B 口通道设置 1 个预制票，缓解购票压力。

g. 站厅非付费区人员拥挤，在 B 口通道安排人员设置活动围栏，分段放行乘客，缓解站厅压力。

h. 站厅客流无法缓解，在 A/B 口设置活动围栏绕行、分批放行乘客进站，确保站厅秩序。

（3）**大客流情况下客流组织图**　非遗博览园站站厅大客流期间客流组织图如图 6-19 所示。

（4）**大客流期间岗位工作职责**　大客流期间岗位安排见表 6-13。

表 6-13　大客流期间岗位安排

序号	地点	岗位	岗位职责	携带备品
室内及出入口：共 19 人				
1		当班负责人（A1，负责全站管理）	负责当班期间车站全面工作，对站厅以及出入口进行巡视，负责当班期间乘客事物处理，当出现大客流时到 B 口	对讲机、800M 无线便携台各 1 台
2	票管室	B1 客运值班员	负责白班的票务运作，负责配票、结账、开钱箱等工作，完成早班相应票务报表，每 1h 了解一次车票售卖情况	AFC 设备钥匙一套、对讲机 1 台
3	车控室	C1	负责监控站台安全、列车运行，收集统计各类数据及信息；协助值班站长做好各岗位协调工作	对讲机、800M 无线便携台各 1 台
4	站厅/出入口	E1（站厅负责人）	负责站厅乘客引导，大客流情况下担任北厅出入口负责人，封闭南厅过轨通道，负责 A 口分流及出入口客流控制	对讲机、喊话器
5		E2（兼任 B1 外协）	负责站厅乘客引导，大客流情况下负责 B 口分流及出入口客流控制	对讲机、喊话器
6		E3（兼任 B1 外协）	负责站厅乘客引导，大客流情况下负责 C 口分流及出入口客流控制	对讲机、喊话器
7		E4（兼任 C1 外协）	负责站厅乘客引导，大客流情况下封闭北厅过轨通道，负责 D 口分流及出入口客流控制	对讲机、喊话器
8		F1（下行站台）F2（下行站台）	站台正岗，负责对列车进出监控、站台乘客安全及突发事情处理，主动引导乘客到分散候车，客流控制时与北厅出入口负责人做好信息联控。应急情况下听从站台（厅）负责人指挥	对讲机 1 台、站台钥匙一套、腰包 1 个
9		F3（上行站台）F4（上行站台）	站台正岗，负责对列车进出监控、站台乘客安全及突发事情处理，主动引导乘客到分散候车，客流控制时与北厅出入口负责人做好信息联控。应急情况下听从站台（厅）负责人指挥。负责半自动售票机票亭运作以及乘客事务处理，同时兼顾列车清客工作	对讲机 1 台、站台钥匙一套、腰包 1 个
10		D1（上行票亭）D2（上行票亭）	负责半自动售票机票亭运作以及乘客事务处理	站台钥匙一套
11		D3（下行票亭）D4（下行票亭）	负责半自动售票机票亭运作以及乘客事务处理	站台钥匙一套
12		预制票 1~4	站厅引导，客流较大时负责售卖预制票	\

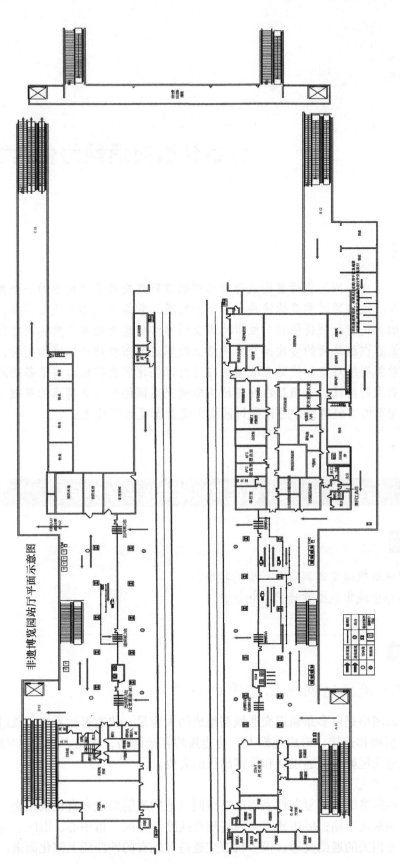

图 6-19 非遗博览园站站厅（站台）大客流期间客流组织图

项目七

城市轨道交通网络化运营组织

学习导入

在世界范围内,网络化运营已成为大都市城市轨道交通系统运营的一个重要特征。原本独立的线路通过乘客的换乘和列车的贯通运营等方式形成运营网络,使更广泛区域内的居民出行获得便利。城市轨道交通网络化运营提高了乘客网络出行的可达性,但乘客在线路间的多次换乘使网络上的客流分布规律难以准确把握,这大大增加了运营管理的难度,使运营管理者在进行以拥堵客流特性为决策基础的拥堵控制时面临更大的挑战。本项目在介绍城市轨道交通网络化运营特点的基础上,分析网络化运营下的客流特征,进而探讨网络化运营客运组织技术。

任务一 城市轨道交通网络化运营分析

任务目标

1. 掌握城市轨道交通网络化运营的特征。
2. 能够分析城市轨道交通网络化运营。

知识课堂

一、城市轨道交通网络化运营的特征

城市轨道交通网络是由多条轨道交通线路组成的大容量、快速客运系统,通过轨道交通车站与线路相互衔接和连接,形成规模大、功能强的客运网络,线路之间实现互联、互通、互动,能够极大地满足城市交通发展和乘客出行的需要。

1. 网络结构具有复杂特性

城市轨道交通网络结构的复杂性表现在环线同其他的放射线或者直径线相交,且在环形上形成了许多的换乘式车站;城市轨道交通将超长线路与郊区、市中心、市区、副中心相连接,主要用来服务相关的通勤交通;很多轨道交通是在既有的铁路线上演化而来,但与铁路

的功能定位又并不相同，但两者资源可进行有效整合。

2. 运营的需求具有多样性质

由地铁、轻轨及其他系统组成的城市轨道交通网络具有不同的技术条件、客流特点、功能，这必然产生网络系统中线路形式、功能和制式的多样化，车辆制式和信号制式的多样化，列车运行方式的多样化，维修保养方式的多样化以及其他交通方式衔接需求的多重性等与单线运营不同的特征。另外，由于网络化所带来的乘客换乘、系统互通管理等要求，也呈现出运营管理的多样性。

3. 换乘的便捷性

成熟的城市轨道交通网络都非常注重换乘，特别是网络中的重要大型客流集散点的换乘站布置。大型换乘枢纽的设计和运营管理显得尤为重要，其选址、站型设计、设施设备、与其他交通方式的换乘驳接以及换乘线路间的票制、乘客导向系统、费区布置等，都应本着服务人性化的原则进行综合考虑。

4. 经营管理的集中性

城市轨道交通的经营管理具有相对集中性，主要采用由一家独立经营，或以一家为经营主体、其余辅助的管理模式。如纽约的地铁系统在纽约市交通运输管理局（MTA）的管理下运营；日本的地铁线路由两家公司联合运营，且以负责八条地铁线路运营的东京地下铁株式会社（Tokyo Metro Co., Ltd.）为主。

5. 运营组织的协调性

由于网络化运营使各线路间在技术经济等方面有着高度的关联性，协调是运营组织的关键。运营组织的协调管理能够实现城市轨道交通资源共享、运行协调、管理统一，发挥整体效益，是实施城市轨道交通网络化运营的根本途径。

6. 资源的共享性

资源共享是城市轨道交通网络化运营管理的重要组成部分。运营权集中统一有利于多条线路共用控制中心、车辆段和综合维修基地、票务中心、仓储中心、主变电站、换乘站、办公设施等有限资源。资源共享还应体现在信息共享、人力资源的配置上，以充分发挥运营管理的规模效益。

二、城市轨道交通网络化运营需关注的问题

1. 关于标准化的问题

从宏观的角度来看，要想实现城市轨道交通的标准化，就必须包含以下方面，第一，城市轨道交通网络系统中的制式要进行协调统一。第二，各专业的城市轨道交通系统所运用的技术标准也应统一。但从具体的运营及建设的过程来看，要想实现城市轨道交通网络的标准化，首先就必须将运营需求固化和统一，依照统一的标准化运营需求，形成标准化的技术接口与设计技术，并在此基础上，建设包括维修规程、调度管理规程以及验收规程等一系列的标准运营管理模式。

再者，由于不同路线其同一系统与一条线当中的各个系统都是单独建设的，因此就会导致在轨道交通运营阶段出现标准不统一的情况。这不但导致轨道交通维护和运营的管理难度不断加大，而且也会加大备品、备件的数量及种类，从而增加网络运营成本。因而在第一条轨道交通建设时，就应从全局的角度，依照专业的需求标准，确立网络建设的专业接口与技术标准，在轨道交通运营阶段建立起一套全网络的维护及运营标准。

2. 网络系统的专业匹配与集成化问题

一般来说，在城市轨道交通网络化运营的过程中，其专业间的系统及功能设计的不兼容以及系统本身功能的不完善性的根本原因在于系统集成化。在系统的建设过程中，由于本身各自的专业分工不尽相同，相关的专业人员往往强调的是各自专业方面的重要性，各自为政的现象也屡见不鲜，对于轨道交通网络的集成管理及专业接口的管理也相对较为薄弱，类似专业功能的不兼容现象也常会产生。因此，需要使用网络集成化的系统，以此来打破壁垒与界限。

3. 关于国产化的替代模式

按照规定，我国的轨道交通建设的国产化率必须超过 70%，但就目前的状况来看，有些系统的核心技术及关键设备仍没有被完全掌握，这也对轨道交通运营的可靠性及安全性直接构成了影响。当前轨道交通各项设备系统的发展呈现出日新月异的变化，产品更新换代的周期也随之缩短，我们需在轨道交通设备维修及替代方面多加努力，才能从根本上改变由于传统技术更新换代而带来的备件缺失的情况。

> **创新能力培养：自主创新，我们前进的力量**
>
> 2018 年年初，我国首条具有完全自主知识产权的城市轨道交通全自动运行线路——北京燕房线正式开通运营。运营后，燕房线各项运营指标表现优秀，全自动运行系统平稳、可靠，正点率达到 99.995%。燕房线的开通和安全运营令业界瞩目，它不仅验证了我国坚持走城市轨道交通自主创新发展道路的正确性，还提振了我国民族产业自主化发展的信心，它不仅掀起了国内建设全自动运行系统的新一轮热潮，还是对牵头者和参与者坚持自主创新信念的巨大鼓舞和鞭策。时代在不断发展，技术在不断进步。在我国这一市场发展的大浪潮中，我们有能力、有责任去创造更多的新技术，助力我国这一高密度的世界第一城市轨道交通网络的安全运营。

任务二　城市轨道交通网络化运营客运组织

任务目标

1. 掌握网络化运营客流特性。
2. 掌握共线运营概念、特点及经营形式。
3. 掌握多交路运营种类及其能力。
4. 掌握快慢车组合运行的概念、优缺点及模式分类。

知识课堂

随着城市轨道交通整体网络的逐步形成，由单线相对独立运营管理向经营管理主体多元化的方向转变，形成城市轨道交通网络化运营新局面。在城市轨道交通网络化运营的现状下，路网内各条线路定位不同，因此其客流的时空分布特点会有差异。

一、城市轨道交通网络化运营客流特性

随着城市轨道交通线路的增加以及服务范围的扩大,更多的人选择了城市轨道交通的出行方式,人们可以通过"一票制"享受城市轨道交通线路间的换乘。在这成网规模下的城市轨道交通系统,客流特征也发生了一定的变化,主要体现在以下几个方面:

① 网络化运营后客流量增大,换乘客流量较高,换乘客流量超过了本线客流。

② 网络化运营后全网的平均运距增加,但单线的平均运距减小。

③ 网络化运营后线路的高峰小时最大断面流量发生在换乘点前后,第一换乘站点距离起点站越远,最大断面值越大。市区线路一般在较大规模的枢纽站出现断面客流下降,而郊区线路一般在第一个换乘站出现客流断面的最高值,随后呈下降趋势。

④ 网络化运营后新增线路会带来全网客运量的增加,其中交叉线或本线延伸会使既有线路客流的突增。

⑤ 网络化运营后新线开通运营的客流培育期较短,即使新增线路位于开发强度不高的地段,其进站客流量较少但其换乘客流量却较大。

⑥ 网络化运营后市区线路的客流强度较高,郊区线的客流强度较低。

二、城市轨道交通网络化运营下的客运组织理念

1. 形成以提高服务质量为出发点的客运服务理念

城市轨道交通属于服务行业,提高服务质量是客运服务的主要内容。随着城市轨道交通网络化的运营,其运力和运量将大大增加,因此,城市轨道交通应注重提高服务质量,吸引客流关注,不仅能降低运营成本,提高经济效益,而且有利于提高民众生活品质,逐步完善城市功能,对于保护环境、构建和谐社会具有重要意义。

2. 注重改善乘车环境

运营组织工作不仅要注重运输质量,更要注重经营质量,应关注乘客感受,通过市场调查和实地考察等渠道了解乘客结构及其需求特征,为不同定位的乘客设计方便合理的乘车路线和换乘方案,缩短换乘等待时间,满足乘客多方面、多层次的需求。同时,还应注重通过改善换乘通道和候车设施、美化站厅结构、加强车站诱导系统功能、及时发布网络化运营信息等方式,改善乘客乘车环境等措施,提升城市轨道交通运输方式的竞争力。

3. 建立完备的网络化运营客运服务指标体系

通过深入研究网络化客运服务管理体系,研究换乘站的换乘服务标准,建立并不断完善客运服务质量评价体系等措施,来形成科学严谨的客运服务管理,提升工作人员的服务质量,加强对客运服务的考核,使客运服务总体得到提升,从而形成良性循环,促使城市轨道交通网络化运营更快更好的发展。

> **特色亮点:优质服务、奉献社会**
>
> 优质服务是城市轨道交通员工的职责所在。服务是一种承诺,是城市轨道交通企业对自身社会责任的承诺,是企业对众多乘客的服务承诺,也是城市轨道交通员工对履行自身服务职责的承诺。服务还是一种文化,不仅是企业文化,是尊重和关爱乘客的文化,更是城市轨道交通文化。服务带给乘客一种体验,是城市高度文明

的体验,是乘客对出行需求的体验,更是乘客价值链的体验。服务也是一种价值,体现的是城市轨道交通的服务核心价值,体现的是城市轨道交通员工的自身价值,体现的更是城市轨道交通优于平行竞争者的增值。在服务的过程中时刻注重责任、快乐和文化,从服务的承诺、践诺、尽责、尊重和关爱等多个方面进行人文价值的传递并让乘客能够清晰洞察和感悟,就是尽城市轨道交通服务的天职。

奉献社会是社会主义职业道德的最高要求。它要求从事各种职业的个人,努力为社会做贡献,从社会整体和长远的利益出发。无论城市轨道交通公司还是个人,每个社会个体的成长与发展都离不开社会大环境的影响和促进,同时个体的发展必将促进和带动社会发展和进步,个体的利益与社会利益在本质上是一致而相互促进的。

三、城市轨道交通网络化运营客运组织技术

(一)共线运营

1. 共线运营概述

城市轨道交通系统的独立运营是指列车在各自的线路上运行,列车在交汇站折返,旅客在交汇站换乘其他线路的列车。城市轨道交通系统的共线运营则是指在连通型城市轨道交通网络中,组织不同线路上的列车通过交汇站运行,形成不同线路运营的列车跨线运行,并在部分线路的部分区段共线运营。相比独立运营线路,共线运营可以更好地根据客流量来设计列车运行交路,方便直达运输、减少换乘,并使能力的利用更加均衡。

共线运营

当共线运营涉及多个经营实体时,有时会有一个经营实体的列车跨线到另一个经营实体的线路上去运行,这种情况也称为过轨运输。过轨运输一般都会涉及不同经营实体之间的票款收入清分。

2. 共线运营特点

共线运营一方面受基础设施互联互通的制约,另一方面,过多的共线运营也容易造成信息的混乱,反而给乘客带来不便,经验表明,对于城市轨道交通网络,适量的共线运营能使出行更加个性化,更受乘客欢迎。

① 共线运营的复杂度比单一运营线路要高,一方面一条线路上的延误可能会传导到其他线路上;另一方面,运行图编制和调度指挥的难度都比较高。但是,一旦主线上出现了延误,线路的重叠和贯通给调度调整提供了可供选择的余地,如在线网中制订绕行和修正方案,而这在单一运营线路上是不能实现的,这使共线运营线路的延误恢复能够容易一些。

② 共线运营线路的另一特点是共线交路减少了乘客的换乘,在线网中给予乘客更自由的出行选择,但是由于多交路叠加模式使同一交路列车的运行间隔时间增大,乘客乘车等待时间往往比单一线路要长。因此,共线运营模式下列车运行计划编制的好坏需要依据线网特性和乘客在线网内的出行特点来具体评价。

③ 共线运营模式一般在经过一系列技术改造或运营协调后得以实现。实现共线运营所花费的成本与新建线路相比,其投资成本大大减少,同时,所耗费的改造工期相比新建线路也大大缩短。

④ 共线运营通过在部分交通走廊上的替代、互补,使线路的运能充分发挥,不仅节约了建设投资,而且最大限度地发挥线路的利用率和充分利用现有线网富裕能力。

⑤ 共线运营带来的轨道交通服务水平的提高以及运营方式的多样化，在给乘客带来便利的同时，也能够吸引乘客的出行，增加轨道交通的客运分担率，提高运营效益。

虽然在城市轨道交通网络中，共线运营的实现会遇到很多的困难，但是它的优点更加诱人，正是这些优点促使着人们对共线运营不断地创新和实践，也是轨道交通网络化运营发展的一个方向。

3. 共线运行的基本形式

（1）**共线运营形式一** B线在A线的某个车站D接轨，形成"Y"形，如图7-1所示。B线的列车可以驶入A线，故在Db区段内有A线和B线两种列车行驶。

（2）**共线运营形式二** B线在A线的两个车站D、E接轨，如图7-2所示。B线的列车从D站开始驶入A线，并在E站驶出A线，在DE区段内有A线和B线两种列车行驶。

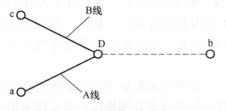

图7-1 共线运营形式一

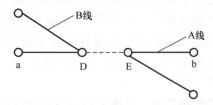

图7-2 共线运营形式二

（3）**共线运营形式三** B线在A线的两个车站（D及E）接轨，如图7-3所示。利用A线的DE区段形成环线，B线列车可以环状运行，A线列车为往返运行。在DE区段内有A线和B线的两种列车行驶。上海M3线（明珠线）和M4线（明珠二线）即为此种形式。

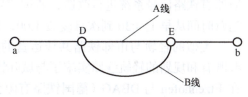

图7-3 共线运营形式三

4. 共线运营经营形式

除了硬件设施方面的障碍外，当共线运营涉及多家经营实体时，必然要涉及票款收益的清分。要实现不同经营实体所属线路之间的互联互通，就需要确定合适的联合经营形式，商定各个经营实体之间的联合经营协议，通过协议的形式明确各经营实体间配属车辆的使用关系、运营管理责任划分以及收益分配方案等内容。

对于分属不同经营实体的共线运营线路而言，根据线路和车辆所有权的不同，可以有很多种组合的经营模式。但以目前各国的运营实践来看，以下三种形式可供借鉴：

（1）**单一经营实体支配（租车）** 拥有线路的经营实体（其本身可能也拥有部分车辆）通过租赁其他公司的车辆组织该线路上的所有车辆运营，运营全部收益归拥有线路的经营实体所有，但要向提供车辆的公司缴纳租赁车辆的费用。单一运营实体支配下的运行组织简单，避免了多家经营实体的车辆调配的冲突协调，一般更为安全有效，是轨道交通系统共线运营中容易接受的一种经营模式。

（2）**多家经营实体支配（租线）** 使用线路的各经营实体根据协议向拥有线路的经营实体缴纳线路使用费，共线运营区间的线路由线路经营实体管理，共线运行的列车由拥有车辆的经营实体管理，在运营组织上由线路公司根据协议统一指挥管理。共线区间的所有盈利（票款）通过车票的磁性记录予以清分。

（3）**互换式线路支配（线路互用）** 各经营实体通过协议的形式将己方的列车驶进对方的区

间，驶入区间的长度由运营实体协商决定。例如，依据对等原则，双方均可有相等数目的列车驶入对方等长的运营区间。当权益不对等时，票款收入的补偿或清分依据具体情况协商确定。

5. 共线运营案例

共线运营最早出现在欧洲，其目的主要是为了提高轨道交通的吸引力，同时也是轨道交通企业网运分离改革，在运能富余的线路上运营商共同合作提升市场竞争力的产物。制式相同线路的共线运营的实现比较容易，也较为常见，如日本东京地铁的副都心线和有乐町线，上海轨道交通 3 号线和 4 号线。而制式不同线路之间的共线运营需要解决不兼容问题，常见的不兼容问题主要体现在以下四个方面：线路及车站设施、车辆与信号设施、运营组织、规章制度。这里主要介绍如下几个不同制式线路间共线运营的案例。

（1）地铁与市郊铁路的共线运营案例　为了缩短旅客旅行时间，东京建立列车"直通"通道，实现了列车在地铁和市郊铁路上的共线运营。截至 2012 年，东京有 7 条地铁线与 13 条地面铁路线联运，形成了 37 条直通线路。日本全国范围内的统计显示，参与共线运营的轨道交通公司总数占日本所有轨道交通公司总数的 55%。通过发展共线运营的方式，日本城市地铁列车的运营里程增加了将近 1 倍。

（2）轻轨与市郊铁路的共线运营案例　德国卡尔斯鲁厄市的轨道交通系统将铁路线路与市内轻轨线路贯通，实现了通过轨道交通从市区直接到达城市外围地区。该系统采用双系统轻轨车辆，可以在原有轻轨的 750V 直流电和电气化铁路 15kV 交流电两种供电模式下运行，对原有铁路信号系统进行改造，通过信号管制的措施保障交叉口行车安全。这条轻轨线路的运营时间从早上 4:30 到次日凌晨 1:00，行车间隔为 20min，运营速度约为 40km/h。

类似的轻轨与市郊铁路共线运营的例子也出现在德法边境的萨尔布吕肯市。该市对一些既有和规划的轻轨线路实施了与城际铁路的共线运营。如由市中心到 Lebach 的轻轨线路，在 Etzenhofen 与 DBAG（德国铁路有限公司）的城际铁路接轨，在 Etzenhofen 至 Lebach 段实施了共线运营。

（3）轻轨与货运铁路线的共线运营案例　德国卡尔斯鲁厄市由市中心延伸到市郊 Hochstetten 的轻轨线路，就是通过与德国铁路部门的协商，借用了 DBAG 的部分低行车密度的货运铁路线路，实现了由城市中心向郊区的轻轨客运服务的扩张。

美国圣地亚哥将其购买了的圣地亚哥市区到墨西哥边境的一条货运铁路按照轻轨技术规范进行电气化改造，于 1981 年 7 月旅客运输正式通车运营，1984 年，这条线路增设了短途铁路货运服务。货运列车由内燃机车牵引，因此不必进行轻轨车辆和线路供电设施的改造就实现了共轨运行。在两者运行时间划分上，轻轨运行时间为早上 5:00 到次日凌晨 1:00，其余时段为铁路运行时间。

（4）轻轨与路面有轨电车线路的共线运营案例　在日本北九州，熊本电铁的市郊轻轨列车是通过西日本铁道公司的路面有轨电车线路共线运营后，到达城市的一个主要铁路车站的。虽然是两家运营公司，但是熊本电铁为了实现其轻轨与路面电车的共线运营，从而到达城市主要的交通枢纽，购买了与路面有轨电车机车相同制式的机车车辆，同时轻轨线路的设计也充分考虑了共线运营的方便。

（二）多交路运营

单一交路运营是城市轨道交通最传统的运营组织方式，即每条运营线路均采用了单一长交路的方式运营。该方式运营组织简单，

扫一扫

多交路运营

便于实施，但在客流量不均衡程度较大的线路上必然会造成某些区段的运能浪费，例如衔接中心城区段和市郊区段的线路，中心城区段与市郊区段的客流量差别越大，浪费就越明显。

从运能的充分利用和经济性考虑，分段运营（衔接交路）或多交路运营是解决这一问题的出路之一。在非网络化条件下，分段运营是最经典的解决方式，即在中心城区和郊区段分别采用不同的编组、时刻表运行，两者结合的部分选择合适的换乘点；在网络化运营下，通常采用多交路的方式，即在确定运营分段的基础上，根据各个客流断点的特征，开行多种交路形式的列车，在不同区间、不同的时段采用不同的运营交路。多交路运营最经典的方式为长短交路套跑，还可采用多层交路嵌套的方式，如东京地铁丸之内线，在早高峰采用嵌套三层的交路形式。

（三）快慢车运营

列车停站方案旨在确定列车停站模式以及列车停靠车站的集合，在确定车辆选型及列车编组、列车运行交路的前提下，根据客流的时空分布特征以及车底协调配合情况最终确定的列车停站序列。城市轨道交通运营组织中，制订合理的列车停站方案可以通过减少部分旅客的出行时间，满足出行者对出行快捷化的要求，更大程度地满足不同层次的乘客需求，增加城市轨道交通的吸引力，进而改变交通需求结构，更好地促进城市客流合理分配，充分发挥城市轨道交通在公共交通领域的重要作用，使交通需求和供给达到新的均衡，响应国家政策，缓解交通拥堵，实现交通畅通，巩固和发展城市轨道交通在公共交通领域的重要地位。

在城市轨道交通中，列车停站方案主要有站站停方案和非站站停方案两大类。其中，站站停方案是最为简单也是最为常见的一种，国内大多数线路均采用此种停站方案，该方案的列车在任意车站均停靠，可以满足所有乘客的直达要求，适用于沿线客流量分布较均衡且总体客流量较大的线路；非站站停方案可以实现某两个车站之间或者是某两个区域之间的快速直达，适用于线路断面客流分布不均衡程度较大且乘客平均出行距离较长的情况。快慢车组合运行方案是一种较为常见的跨站行车方式，能够有效地提高服务效率和节省乘客出行时间。

1. 快慢车运营的概念

快慢车组合运行方案是指在一条线路上同时开行站站停列车、跨站停列车或者直达快车，可以包括多种列车等级的列车开行方案。此种停站方案中快车择站停靠（若有特快列车可一站直达），列车平均旅行速度提高，从而可以节省部分长距离乘客的在途时间；但同时会增加被越行站乘客的候车时间，降低列车直达性，导致快慢车换乘的出现，服务水平下降，且快车越行慢车会导致线路通过能力降低。

2. 快慢车组合运行的优缺点

跟最基础的站站停方案相比，快慢车组合运行最大的优点为：快车的中途停站次数变少，相应的快车周转速度得到提高。具体来说，从旅客角度来讲，快慢车组合运行可以通过减少快车停站次数，减少快车停站时间，进而压缩快车的旅行时间，满足部分乘客对出行快捷化的要求。但同时，由于快车不停车通过被跨车站，则相应车站的乘客候车时间增加。另一方面，从运营企业角度来看，快慢车组合运行减少列车停站次数，减少了起停车次数，节约能源，从而可以降低城市轨道交通运营企业的运营成本，同时停站数量的减少直接减少快车的旅行时间，加速了车辆的周转，使运营车辆数得到减少，节约车辆成本，但由于越行的出现也增加了运营组织的复杂度。而越行行为还降低车站的通过能力，由于快慢车旅行速度的不同，可能造成列车到发不均衡，影响折返站通过能力，从而降低整条线路的列车通过能力。

3. 快慢车组合运行模式分类

快慢车组合运行模式根据不同列车运行速度是否相同可分为最高运行速度相同和最高运行速度不同的运行模式，而在实际运营中根据快车与慢车运行是否处在相同的线路上又可分为共线运行和分线运行。

（1）按照运行速度划分

① 最高运行速度相同。该模式下无论是快车还是慢车均采用同样的最高运行速度，快车与慢车旅行速度的差别仅通过减少快车的停站次数来实现，快车不停车通过慢车站，从而提高旅行速度。通常情况下，慢车就采用传统的站站停方式，普通快车则可以采取择站停的方式，存在特快列车的还有一站直达的方式。

② 最高运行速度不同。该模式下的不同停站方案的列车最高运行速度不同，快车最高运行速度通常会大于慢车运行速度，同时快车停站数量比较少，也有一站直达的特快列车，而慢车通常采用站站停方式。在此种模式下，快、慢车的运行速度不同，而快车停站时间又更少，快、慢车的旅行速度差别较最高速度相同的运行模式更大，因此快、慢车总的旅行时间差别更大，对于长距离旅客来说出行时间节省更多。

③ 设快车专用线。该模式下的快车在自己的专用线上独立于慢车运行，互不干扰，快车在专用线路上可以以更高的速度运行，且不需要考虑越行，不需要另外设置越行线。此种模式下快、慢车的运行组织相对独立，运营组织较为简单，能更好地满足乘客多样化的出行需求，但需要规划和建设其他的线路，土建费用和工程投资较大。

（2）按照运行线路划分　通过分析世界上各个城市轨道交通快慢车组合运行的线路形式，可以将其大致分为共线运行和分线运行两大类。

① 共线运行。共线运行模式下的快、慢车都在同一条线路上运行，此种方式是国外城市轨道交通快慢车组合运行的主要模式。通过分析国外各个城市运营的实际情况，共线运行又可以根据快车与慢车是否在同一条轨道上运行可以划分为共线不共轨运行和共线共轨运行。

a. 共线不共轨运行。共线不共轨运行模式是指快车与慢车在同一条城市轨道交通线路上运行，但是由于每条线路设置有三条或四条轨道，快车和慢车可以在各自的轨道上分开运行，互不干扰，此时运营组织较为简单，不需考虑越行。此种模式的代表是美国纽约地铁。

b. 共线共轨运行。共线共轨运行模式是由于一条线路上的上、下行各自只设有一条轨道，因此相同方向的快慢车就需要在相同的轨道上运行，从而会出现快车越行慢车的情况。一般情况下，慢车采取站站停方式，快车在车站越行慢车，在快车站候车的乘客可以选择快车或者慢车两种方式，而在被越行车站的乘客只能选择慢车。此种模式的代表是日本东京地铁。同时，这也是本文关于快、慢车组合运行模式中研究的重点。

② 分线运行。分线运行模式下的快车和慢车在各自的线路上运行，线路途经地方一样，快、慢车运行线路相互独立，快车和慢车通过换乘设施联系起来，代表是巴黎的城市轨道交通系统，慢车即是巴黎地铁，快车是区域快速轨道，该种运行模式的优点在于连接城市中心和郊区的快车可以使乘客快速到达城区或者郊区；快车与慢车运行独立，运行组织简单。缺点就是市区地铁的工程投资和难度都因为线路的增加而加大；而且快车线路的站间距相对比较大，降低了短距离旅客的直达性；且乘客要在快、慢车之间实现换乘需要走行的距离比较长，从而延长换乘时间。

> 📚 **案例分析**

以东京地铁为例进行城市轨道交通网络化运营案例分析。

1. 东京地铁概述

东京地铁是服务于日本东京都区部及其周边地区的城市轨道交通系统，包括东京地下铁和都营地铁两个地铁系统的全部线路，并与多条私铁线路和JR线路实行直通运转，如图7-4所示。其首条线路东京地下铁银座线于1927年12月开通，使东京成为亚洲最早拥有地铁的城市。东京现有13条地铁运营线路（304.1km），年均客流量高达29亿人次，见表7-1。这些线路既有地下铁，也有高架铁路，互相交错形成了密如蜘蛛网的交通体系。东京地铁共设车站224座，与JR（Japan Railway，日本国有铁路系统）、私营铁路共同组成了日本东京城市快速轨道交通，整体服务范围涵盖东京都、神奈川县、埼玉县与千叶县，在公共交通中的分担率达75%以上，是东京地区非常重要的交通方式之一。

东京地铁在很大程度上缓解了东京交通大拥堵的问题，满足了居民大量的日常出行需求。东京地铁车站采用了因地制宜的弯曲、长月台，采用了基于地下空间资源充分利用的车站多出入口，采用了为实现多交通方式一体化衔接的多层次立体化换乘站，采用了翔实清晰的导向标识和随处可见的无障碍设施。

东京地铁股份有限公司（东京地下铁株式会社），简称东京地铁、东京Metro，是承担日本东京都内地铁的主要运营工作的民营铁路公司，由日本政府与东京都政府共同投资管理。东京地铁于2004年由帝都高速度交通营团改组而成，目前共九条地铁线路。东京地铁运营时间为4:00—24:00，且工作日和周末及节假日的运行时间不变化，但根据客流需求，开行不同数量的列车。

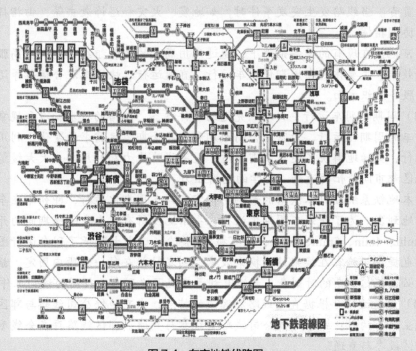

图7-4 东京地铁线路图

表7-1 东京地铁所含线路信息

线路名	简写	数字编号	运行区间	识别色	车站数/座	长度/km	建成时间（年）	列车型号
银座线	G	3号线	涩谷—浅草	橘黄色	19	14.3	1927	01/1000系列
丸之内线	M	4号线	荻洼—池袋	红色	28	24.2	1954	02系列
丸之内支线	m	4号线	方南町—中野坂上	红色	4	3.2	1962	02系列
日比谷线	H	2号线	中目黑—北千住	银色	21	20.3	1961	03系列
东西线	T	5号线	中野—西船桥	天蓝色	23	30.8	1964	05/07/15000系列
千代田线	C	9号线	代代木上原—绫濑	绿色	20	24.0	1969	06/6000/16000系列
有乐町线	Y	8号线	和光市—新木场	黄色	24	28.3	1974	07/7000/10000系列
半藏门线	Z	11号线	涩谷—押上	紫色	14	16.8	1978	08/8000系列
南北线	N	7号线	目黑—赤羽岩渊	青色	19	21.3	1991	9000系列
副都心线	F	13号线	和光市—涩谷	棕色	16	20.2	2008	10000系列

(1) 车辆维修 东京地铁拥有4个维修工厂和12个车辆检修所，承担车辆的大修、关键部件的检修、紧急检查和车辆改造业务。一般2~3条线共用1处车辆检修所，如中野修理车间由银座线和丸之内线共用，绫濑修理车间由千代田线、有乐町线和南北线三线共用。

(2) 协调管理 在北千住站有5条地铁线路相交，分属4个公司管辖。在多家运营商管理的格局下，运营商之间的协调问题由各家之间签订协议自行协调，在换乘点的事务处理以及直通运营线路的事务处理上，以线路财产归属进行划分，谁的线路谁负责。当线路发生突发事件时，如地震、火灾和恐怖袭击等，由指挥中心进行统一协调指挥。

东京地铁在现有的设备条件下，通过采用高效的运营组织措施来提高服务质量和运营效率，主要体现在周期化列车运行、直通运行、快慢车混合运行等运行计划和运营服务组织方面。

(3) 周期化列车运行 日本以先进的硬件设备、严格的技术标准和规章制度确保了列车的周期化运行，紧密结合高峰期和非高峰期客运需求的变化，利用周期化列车运行，灵活地解决了运输供需矛盾；提高线路能力和利用率，大大缓解了经济发达地区都市间繁忙的通勤、通学的运输压力。

日本地铁系统在日本铁路的影响下，实行列车周期化运行，即列车在车站非常有规律地到发。为了使列车周期化运行，东京地铁所有列车在平峰期间的开行间隔都是3min、4min、5min、6min，均可被60整除。这大大降低了列车运行图的编制难度，也提高了旅客在换乘站的换乘效率，到发时刻在每一时段内固定，旅客每次出行不必要记忆复杂的时刻表，最终有利于实现网络列车运行图的编制工作。

(4) 直通运行 根据直通线路和客流的特点，东京地铁公司线路与郊区线的直通方式主要有两种：东京地铁公司线路全线参与直通、郊区线路存在全线参与直通或部分区段参与直通。

随着市区轨道交通网络的不断完善，郊区新城开发建设任务日益紧迫。自 1951 年后，日本地铁新规划建设的每条地铁线都考虑了与郊区铁路的相互直通，已开通的 13 条线路中，有 10 条线路实现了与郊区铁路的相互直通。从运营效果看，日本东京地铁与郊区铁路相互直通已成为一种典型案例，这也是东京地铁公司运营的又一特色。同时，随着东京首都圈面积扩大，直通运行服务距离增加，目前已从市中心向外延伸了 50km 左右。根据直通线路和客流的特点，东京地铁公司线路与郊区线的直通方式主要有两种：东京地铁公司线路全线参与直通，郊区线路存在全线参与直通或部分区段参与直通。一方面，使旅客不需要换乘也可在较长区间旅行，大大节省了时间和出行成本；另一方面，也缓解了换乘站（特别是在高峰期）的客流压力。

（5）快慢车混合运行　采取快慢车混合运行，可有效降低轨道交通线路不同区间客流特征及列车频繁停站对线路运输的影响；提高列车的旅行速度，缩短旅行时间，为长距离旅客提供更高水平的服务；同时可提高列车的运营效率，减少运营车辆数。

快慢车混合运行负面影响：由于列车跨站运行，被越行车站的客运服务水平将有所下降，平均候车时间增加；在列车密度较高的情况下，快慢列车间将发生越行（站间越行或车站越行），会降低线路的通过能力。

人性化的运营管理：列车上、在高峰小时期间，由于列车满载率高，车辆两侧的座位会被自动收起，以节省更多的空间；高峰小时过后被自动放下，以供人们使用。车辆内的扶手拉环有高有低，方便不同身高的人使用；还有专门供残疾人使用的空间。东京地铁从乘客需求角度出发，人性化地采取合理的运营管理措施，提高原本拥挤的轨道交通服务质量。

都营地铁（都营地下铁）是承担日本东京都内地铁系统部分运营工作的营运单位，由东京都交通局负责管理。目前都营地铁共运营东京地铁系统中的四条线路，所属路线通称为都营线，见表 7-2。

表 7-2　都营地铁公司线路信息

线路名	简写	数字编号	运行区间	识别色	车站数/座	长度/km	建成时间（年）
浅草线	A	1 号线	西马达—押上	粉色	20	18.3	1960
三田线	I	6 号线	目黑—西高岛平站	蓝色	27	26.5	1968
新宿线	S	10 号线	新宿—本八幡	叶绿色	21	23.5	1978
大江户线	E	12 号线	光丘—都厅前（放射）	浅紫色	38	40.7	2000

2. 日本轨道交通模式

日本的铁路经营模式被称为"日本式铁路经营"。其轨道交通网络在大都市区更为发达，甚至可以将就业圈和居住圈扩大到 50~100km 半径范围的地域，大大地促进了地区发展和都市圈的形成。尤其在东京城市圈，民营铁路在城市建设与综合开发方面一直发挥着积极而重大的作用，其经营的线路与市中心地铁衔接，承担着城际尤其是城市近郊的通勤、通学运输，成为东京都城市交通体系不可或缺的重要组成部分。日本轨道交通中网络化运营组织方法基本都是针对线路需求多样化的列车开行方案。

3. 对我国城市轨道交通发展的启示

早期的城市轨道交通线路多数位于城市中心区，区域差异较少，单一交路、单一编组及站站停的开行方案比较普遍。日本轨道交通中网络化运营组织方法基本都是针对线路需求多样化的列车开行方案。不难看出，在同等软硬件条件下，网络化列车运营组织技术有利于提供更好的普遍服务，改善系统经营效率；不过，它们增加了运营部门工作的难度与复杂性。因此，大力推广有效的网络化运营技术首先需要研究解决运营部门的源动力机制问题。另一方面，网络化列车运行组织方法是伴随城市轨道交通网络的扩张而不断创新和发展的，这些方法及相应实施方案的采用依赖于网络客流的具体变化，同时也增加了运营部门组织管理工作的不确定性。因此，在实际应用中运营部门需要开展更多的前期研究与准备，这也是我国各大城市轨道交通成网后对运营部门的新挑战。

安全性、方便性、快捷性和高效性一直是地铁运营所追求的目标。在地铁硬件设备不断更新进步的同时，科学的运营组织策略等软件手段对地铁运营发挥着越来越重要的作用。因此，从全局角度出发，纵览古今中外相关的经验教训，对提高我国地铁运营管理水平具有重大意义，而东京地铁在很多方面可为我国地铁的运营提供宝贵经验。

城市轨道交通线网应根据城市特点、客流需求，因地制宜地选择合理的布局结构，为运营组织提供前期准备。用心编制系统有效的周期化运行计划，适时开行与郊区线路直通的列车。结合客流特征及其运行交路的情况，合理开行快慢混合列车。从"以人为本"的角度出发，建立运营组织管理的综合服务体制。

参 考 文 献

[1] 王明生. 城市轨道交通概论 [M]. 北京：人民交通出版社，2012.
[2] 阎国强，仇海兵. 城市轨道交通概论 [M]. 2版. 北京：人民交通出版社，2012.
[3] 李建国. 城市轨道交通系统概论 [M]. 3版. 北京：机械工业出版社，2019.
[4] 曲秋莳，许波. 城市轨道交通车站设备 [M]. 北京：人民交通出版社，2016.
[5] 史富强，祁国俊. 城市轨道交通车辆构造 [M]. 重庆：重庆大学出版社，2013.
[6] 贾毓杰. 城市轨道交通通信与信号 [M]. 3版. 北京：机械工业出版社，2019.

"十四五"职业教育国家规划教材

职业教育城市轨道交通专业"互联网+"创新教材

城市轨道交通客运组织实训工单

主　编　刘乙橙　景平安
副主编　何　林　陈曦希
参　编　杨　光　吉　巍　聂　慧

机械工业出版社

目 录

实训工单一　城市轨道交通车站导向标识系统的认知……………………………………… 1
实训工单二　值班站长岗位职责及作业流程演练…………………………………………… 5
实训工单三　客运值班员岗位职责及作业流程演练………………………………………… 9
实训工单四　站务员岗位职责及作业流程演练……………………………………………… 13
实训工单五　车站的开启与关闭作业流程演练……………………………………………… 17
实训工单六　车站安检作业流程演练………………………………………………………… 21
实训工单七　车站全天运营工作过程演练…………………………………………………… 25
实训工单八　城市轨道交通客流调查………………………………………………………… 29
实训工单九　城市轨道交通客流预测………………………………………………………… 33
实训工单十　客流特性分析…………………………………………………………………… 37
实训工单十一　客流流线分析………………………………………………………………… 41
实训工单十二　车站设备设施能力分析……………………………………………………… 44
实训工单十三　城市轨道交通正常情况下客流组织方案编制……………………………… 49
实训工单十四　城市轨道交通大客流情况下客流组织方案编制…………………………… 53
实训工单十五　城市轨道交通超大客流情况下客流组织方案编制………………………… 57
实训工单十六　城市轨道交通车站日常客流组织演练……………………………………… 61
实训工单十七　城市轨道交通车站大客流演练……………………………………………… 65
实训工单十八　城市轨道交通车站突发事件客流组织演练………………………………… 69

实训工单一　城市轨道交通车站导向标识系统的认知

学院		专业	
姓名		学号	
小组成员		组长姓名	

一、接受工作任务　　　　　　　　　　　　成绩：

　　某工作日，成都地铁4、7号线换乘车站文化宫正常运营，分小组开展地铁车站导向标识系统调研。

二、前置知识　　　　　　　　　　　　　　成绩：

1. 车站概况
① 车站的地图模式：_____
② 车站的结构模式：_____
③ 出入口的分布：_____

2. 地铁乘车"八部曲"
_____

3. 车站客运服务设施
_____

4. AFC设备情况
_____

5. 导向标识系统按功能分类
_____

6. 导向标识系统按标识体系分类
_____

7. 导向标识系统的设计原则
_____

三、编制框架	
成都地铁4、7号线换乘站文化宫正常运营,开展地铁车站导向标识系统调研,列出单个导向标识所属类别及其作用,结合导向标识设计的原则及要点,分析车站导向标识是否合理,并提出优化建议。	
1. 地铁站外导向	① 构成元素及设置方式
	② 类别及作用
2. 车站出入口通道导向	① 构成元素及设置方式
	② 类别及作用
3. 站厅层非付费区导向	① 构成元素及设置方式
	② 类别及作用
4. 站厅层付费区导向	① 构成元素及设置方式
	② 类别及作用
5. 站厅、站台间楼扶梯导向	① 构成元素及设置方式
	② 类别及作用

四、计划实施	成绩:

1. 地铁站外导向
① 构成元素及设置方式:

② 类别及作用:

2. 车站出入口通道导向
① 构成元素及设置方式:

② 类别及作用:

3. 站厅层非付费区导向
① 构成元素及设置方式:

② 类别及作用:

4. 站厅层付费区导向
① 构成元素及设置方式：

② 类别及作用：

5. 站厅、站台间楼扶梯导向
① 构成元素及设置方式：

② 类别及作用：

五、质量检查	成绩：

请实训指导教师检查本组作业结果，并针对实训过程出现的问题提出改进措施及建议。

序　号	评价标准	评价结果
1		
2		
3		
4		
5		
综合评价		☆☆☆☆☆
综合评语		

六、评价反馈	成绩：

根据自己在课堂中的实际表现进行自我反思和自我评价。
自我反思：

自我评价：

实训成绩单			
项目	评分标准	分值	得分
接受工作任务	明确工作任务，理解任务在企业工作中的重要程度	5	
前置知识	本次实训前需要掌握的知识程度	10	
编制框架	按照编辑计划要求编写框架	5	
计划实施	1. 地铁站外导向		
	① 构成元素及设置方式	6	
	② 类别及作用	6	
	2. 车站出入口通道导向		
	① 构成元素及设置方式	6	
	② 类别及作用	6	
	3. 站厅层非付费区导向		
	① 构成元素及设置方式	6	
	② 类别及作用	6	
	4. 站厅层付费区导向		
	① 构成元素及设置方式	6	
	② 类别及作用	6	
	5. 站厅、站台间楼扶梯导向		
	① 构成元素及设置方式	6	
	② 类别及作用	6	
质量检查	学生任务完成，编写过程规范	10	
评价反馈	学生能对自身表现情况进行客观评价	5	
	学生在任务实施过程中发现自身问题	5	
得分（满分100）			

实训工单二　值班站长岗位职责及作业流程演练

学院		专业	
姓名		学号	
小组成员		组长姓名	

一、接受工作任务　　　　　　　　　　成绩：

结合地铁车站值班站长的岗位职责，模拟车站值班站长的当班工作流程。

二、前置知识　　　　　　　　　　　　成绩：

1. 值班站长通用服务标准

2. 值班站长的班制

3. 值班站长岗位职责

4. 值班站长岗位技能

5. 交接班要求

三、编制框架	
1. 值班站长交接班作业	① 岗位人员情况
	② 车站设备设施、工器具、备品状态
	③ 门禁卡/钥匙、备品借用情况
	④ 车站施工、票务情况
	⑤ 消防设施情况
	⑥ 需特别说明事项
2. 当班期间日常工作	① 班组岗位人员管理
	② 车站巡视检查
	③ 主持交接班会
	④ 运营组织
	⑤ 制度编制
3. 突发事件应急处置	① 预案启动
	② 预案实施
	③ 信息汇报
	④ 恢复运营

四、计划实施	成绩：

1. 值班站长交接班作业
① 岗位人员情况

② 车站设备设施、工器具、备品状态

③ 门禁卡/钥匙、备品借用情况

④ 车站施工、票务情况

⑤ 消防设施情况

⑥ 需特别说明事项

2. 当班期间日常工作
① 班组岗位人员管理

② 车站巡视检查

③ 主持交接班会

④ 运营组织

⑤ 制度编制

3. 突发事件应急处置
① 预案启动

② 预案实施

③ 信息汇报

④ 恢复运营

五、质量检查	成绩：

请实训指导教师检查本组作业结果，并针对实训过程出现的问题提出改进措施及建议。

序 号	评 价 标 准	评 价 结 果
1		
2		
3		
4		
5		
综合评价		☆ ☆ ☆ ☆ ☆
综合评语		

六、评价反馈	成绩：	
根据自己在课堂中的实际表现进行自我反思和自我评价。		
自我反思：_____		
_____		
自我评价：_____		
_____		

实训成绩单

项 目	评分标准	分值	得分
接受工作任务	明确工作任务，理解任务在企业工作中的重要程度	5	
前置知识	本次实训前需要掌握的知识程度	10	
编制框架	按照编辑计划要求编写框架	5	
计划实施	1. 值班站长交接班作业		
	① 岗位人员情况	4	
	② 车站设备设施、工器具、备品状态	4	
	③ 门禁卡/钥匙、备品借用情况	3	
	④ 车站施工、票务情况	3	
	⑤ 消防设施情况	3	
	⑥ 需特别说明事项	3	
	2. 当班期间日常工作		
	① 班组岗位人员管理	4	
	② 车站巡视检查	4	
	③ 主持交接班会	4	
	④ 运营组织	4	
	⑤ 制度编制	4	
	3. 突发事件应急处置		
	① 预案启动	5	
	② 预案实施	5	
	③ 信息汇报	5	
	④ 恢复运营	5	
质量检查	学生任务完成，编写过程规范	10	
评价反馈	学生能对自身表现情况进行客观评价	5	
	学生在任务实施过程中发现自身问题	5	
得分（满分100）			

实训工单三　客运值班员岗位职责及作业流程演练

学院		专业	
姓名		学号	
小组成员		组长姓名	

一、接受工作任务	成绩：

结合地铁车站客运值班员的岗位职责，模拟车站客运值班员的当班工作流程。

二、前置知识	成绩：

1. 客运值班员通用服务标准

2. 客运值班员的班制

3. 客运值班员岗位职责

4. 客运值班员岗位技能

5. 交接班要求

三、编制框架	
1. 班前	① 交接班会
	② 岗位作业交接
2. 运营期间日常作业	① 售票岗配票
	② 售票岗作业检查
	③ 保障票务运作正常
3. 运营期间突发事件应急处理	① 客伤处理
	② 列车（车站）清客组织
4. 运营结算	① 钱、票清点
	② 数据录入核算
	③ 报表审核

四、计划实施	成绩：

1. 班前
① 交接班会

② 岗位作业交接

2. 运营期间日常作业
① 售票岗配票

② 售票岗作业检查

③ 保障票务运作正常

3. 运营期间突发事件应急处理
① 客伤处理

② 列车（车站）清客组织

4. 运营结算
① 钱、票清点

② 数据录入核算

③ 报表审核

五、质量检查	成绩：

请实训指导教师检查本组作业结果，并针对实训过程出现的问题提出改进措施及建议。

序　号	评价标准	评价结果
1		
2		
3		
4		
5		
综合评价	☆☆☆☆☆	
综合评语		

六、评价反馈	成绩：

根据自己在课堂中的实际表现进行自我反思和自我评价。
自我反思：

自我评价：

实训成绩单

项 目	评 分 标 准	分值	得分
接受工作任务	明确工作任务,理解任务在企业工作中的重要程度	5	
前置知识	本次实训前需要掌握的知识程度	10	
编制框架	按照编辑计划要求编写框架	5	
计划实施	1. 班前		
	① 交接班会	5	
	② 岗位作业交接	5	
	2. 运营期间日常作业		
	① 售票岗配票	5	
	② 售票岗作业检查	5	
	③ 保障票务运作正常	5	
	3. 运营期间突发事件应急处理		
	① 客伤处理	10	
	② 列车(车站)清客组织	10	
	4. 运营结算		
	① 钱、票清点	5	
	② 数据录入核算	5	
	③ 报表审核	5	
质量检查	学生任务完成,编写过程规范	10	
评价反馈	学生能对自身表现情况进行客观评价	5	
	学生在任务实施过程中发现自身问题	5	
得分(满分100)			

实训工单四　站务员岗位职责及作业流程演练

学院		专业	
姓名		学号	
小组成员		组长姓名	

一、接受工作任务	成绩：

　　结合地铁车站站务员（售票岗、站厅巡视岗和站台巡视岗）的岗位职责，模拟车站站务员（售票岗、站厅巡视岗和站台巡视岗）的当班工作流程。

二、前置知识	成绩：

1. 车站的组织架构

2. 站务员通用服务标准

3. 站务员的班制

4. 岗位职责
① 售票岗岗位职责：
② 站厅巡视岗岗位职责：
③ 站台巡视岗岗位职责：
5. 岗位技能
① 售票岗岗位能力：
② 站厅巡视岗岗位能力：
③ 站台巡视岗岗位能力：

三、编制框架	
1. 售票岗工作流程	① 班前
	② 配票作业
	③ 窗口作业标准
	④ 结算作业
2. 站厅巡视岗工作流程	① 班前
	② 班中
	③ 离岗前
3. 站台巡视岗工作流程	① 班前
	② 班中
	③ 离岗前

四、计划实施	成绩：

1. 售票岗工作流程
① 班前

② 配票作业

③ 窗口作业标准

④ 结算作业

2. 站厅巡视岗工作流程
① 班前

② 班中

③ 离岗前

3. 站台巡视岗工作流程

① 班前

② 班中

③ 离岗前

五、质量检查	成绩：

请实训指导教师检查本组作业结果，并针对实训过程出现的问题提出改进措施及建议。

序 号	评价标准	评价结果
1		
2		
3		
4		
5		
综合评价	☆☆☆☆☆	
综合评语		

六、评价反馈	成绩：

根据自己在课堂中的实际表现进行自我反思和自我评价。

自我反思：

自我评价：

实训成绩单				
项 目	评分标准	分值	得分
接受工作任务	明确工作任务，理解任务在企业工作中的重要程度	5	
前置知识	本次实训前需要掌握的知识程度	10	
编制框架	按照编辑计划要求编写框架	5	
计划实施	1. 售票岗工作流程		
	① 班前	5	
	② 配票作业	5	
	③ 窗口作业标准	5	
	④ 结算作业	5	
	2. 站厅巡视岗工作流程		
	① 班前	6	
	② 班中	7	
	③ 离岗前	7	
	3. 站台巡视岗工作流程		
	① 班前	6	
	② 班中	7	
	③ 离岗前	7	
质量检查	学生任务完成，编写过程规范	10	
评价反馈	学生能对自身表现情况进行客观评价	5	
	学生在任务实施过程中发现自身问题	5	
得分（满分100）			

实训工单五　车站的开启与关闭作业流程演练

学院		专业	
姓名		学号	
小组成员		组长姓名	

一、接受工作任务	成绩：

分小组演练地铁车站开启与关闭作业流程。

二、前置知识	成绩：

1. 车站运营时间

2. 车站出入口数量及位置

3. 车站电扶梯分布情况

4. 车站闸机、自动售票机、自动充值机分布情况

5. 车站运营前检查内容

6. 车站上、下行方向首班车到达本站时间

7. 车站换乘末班车时刻表

8. 车站自动扶梯、出入口卷闸门设备操作

三、编制框架	
1. 车站开站作业流程	① 运营前检查并汇报
	② 开启照明、环控系统
	③ 开启 AFC 设备
	④ 开启自动扶梯
	⑤ 开启出入口卷闸门
	⑥ 准备窗口服务
	⑦ 站台巡视岗接发列车
2. 车站关站作业流程	① 开始广播
	② 窗口停止售票服务
	③ 关闭 AFC 设备
	④ 清站
	⑤ 关闭自动扶梯
	⑥ 关闭出入口
	⑦ 执行车站节电模式

四、计划实施	成绩：

1. 车站开站作业流程
① 运营前检查并汇报

② 开启照明、环控系统

③ 开启 AFC 设备

④ 开启自动扶梯

⑤ 开启出入口卷闸门

⑥ 准备窗口服务

⑦ 站台巡视岗接发列车

2. 车站关站作业流程
① 开始广播

② 窗口停止售票服务

③ 关闭 AFC 设备

④ 清站

⑤ 关闭自动扶梯

⑥ 关闭出入口

⑦ 执行车站节电模式

五、质量检查		成绩：	
请实训指导教师检查本组作业结果，并针对实训过程出现的问题提出改进措施及建议。			
序 号	评价标准		评价结果
1			
2			
3			
4			
5			
综合评价		☆ ☆ ☆ ☆ ☆	
综合评语			

六、评价反馈	成绩:

根据自己在课堂中的实际表现进行自我反思和自我评价。

自我反思:_____

_____

自我评价:_____

_____

实训成绩单

项　目	评 分 标 准	分值	得分
接受工作任务	明确工作任务，理解任务在企业工作中的重要程度	5	
前置知识	本次实训前需要掌握的知识程度	10	
编制框架	按照编辑计划要求编写框架	5	
计划实施	1. 车站开站作业流程		
	① 运营前检查并汇报	4	
	② 开启照明、环控系统	4	
	③ 开启 AFC 设备	4	
	④ 开启自动扶梯	4	
	⑤ 开启出入口卷闸门	5	
	⑥ 准备窗口服务	5	
	⑦ 站台巡视岗接发列车	4	
	2. 车站关站作业流程		
	① 开始广播	5	
	② 窗口停止售票服务	4	
	③ 关闭 AFC 设备	4	
	④ 清站	5	
	⑤ 关闭自动扶梯	4	
	⑥ 关闭出入口	4	
	⑦ 执行车站节电模式	4	
质量检查	学生任务完成，编写过程规范	10	
评价反馈	学生能对自身表现情况进行客观评价	5	
	学生在任务实施过程中发现自身问题	5	
得分（满分100）			

实训工单六　车站安检作业流程演练

学院		专业	
姓名		学号	
小组成员		组长姓名	

一、接受工作任务	成绩：

分小组演练地铁车站安检作业流程。

二、前置知识	成绩：

1. 车站运营时间

2. 车站出入口数量及位置

3. 车站闸机分布情况

4. 车站安检设备配备情况

5. 车站安检人员配备情况

6. 危险品定义

7. 危险品判断标准

8. 安检岗位标准

三、编制框架	
1. 引导安检	
2. 乘客拒绝安检	① 劝导乘客接受安检
	② 拒不接受安检的劝其出站
3. 乘客进入安检区域接受安检	① 视情况使用X光机、爆炸物检测仪、液体检查仪和手持金属探测器确定可疑物
	② 可疑物品为枪支、爆炸物
	③ 可疑物品确认为管制刀具、汽油、子弹
	④ 其他禁止携带的违禁品
	⑤ 未携带违禁品
4. 记录和上报工作	

四、计划实施	成绩：

1. 引导安检

2. 乘客拒绝安检
① 劝导乘客接受安检：

② 拒不接受安检的劝其出站：

3. 乘客进入安检区域接受安检
① 视情况使用X光机、爆炸物检测仪、液体检查仪和手持金属探测器确定可疑物：

② 可疑物品为枪支、爆炸物：

③ 可疑物品确认为管制刀具、汽油、子弹：

④ 其他禁止携带的违禁品：

⑤ 未携带违禁品：

4. 记录和上报工作

五、质量检查		成绩：	
请实训指导教师检查本组作业结果，并针对实训过程出现的问题提出改进措施及建议。			
序 号	评价标准		评价结果
1			
2			
3			
4			
5			
综合评价		☆☆☆☆☆	
综合评语			

六、评价反馈	成绩：

根据自己在课堂中的实际表现进行自我反思和自我评价。
自我反思：_____

自我评价：_____

实训成绩单			
项目	评分标准	分值	得分
接受工作任务	明确工作任务，理解任务在企业工作中的重要程度	5	
前置知识	本次实训前需要掌握的知识程度	10	
编制框架	按照编辑计划要求编写框架	5	
计划实施	1. 引导安检	10	
	2. 乘客拒绝安检		
	① 劝导乘客接受安检	5	
	② 拒不接受安检的劝其出站	5	
	3. 乘客进入安检区域接受安检		
	① 视情况使用 X 光机、爆炸物检测仪、液体检查仪和手持金属探测器确定可疑物	6	
	② 可疑物品为枪支、爆炸物	6	
	③ 可疑物品确认为管制刀具、汽油、子弹	6	
	④ 其他禁止携带的违禁品	6	
	⑤ 未携带违禁品	6	
	4. 记录和上报工作	10	
质量检查	学生任务完成，编写过程规范	10	
评价反馈	学生能对自身表现情况进行客观评价	5	
	学生在任务实施过程中发现自身问题	5	
得分（满分 100）			

实训工单七　车站全天运营工作过程演练

学院		专业	
姓名		学号	
小组成员		组长姓名	

一、接受工作任务	成绩：

结合地铁车站日常运作要求，模拟车站全天运营工作过程。

二、前置知识	成绩：

1. 车站概况
① 车站的地图模式：＿＿＿＿＿＿＿＿＿＿＿＿＿＿＿＿＿＿
② 车站结构模式：＿＿＿＿＿＿＿＿＿＿＿＿＿＿＿＿＿＿＿
③ 出入口的分布：＿＿＿＿＿＿＿＿＿＿＿＿＿＿＿＿＿＿＿
④ 上下行方向首班车到达本站时间：＿＿＿＿＿＿＿＿＿＿
⑤ 换乘末班车时刻表：＿＿＿＿＿＿＿＿＿＿＿＿＿＿＿＿

2. 车站运营前检查内容

3. 边门管理规定

4. 站务员岗位职责

5. 客运值班员岗位职责

6. 值班站长岗位职责

三、编制框架	
1. 车站公共区巡视内容和要求	① 值班站长
	② 客运值班员
	③ 站务员
2. 日常运营	① 车站边门管理
	② 乘客遗失物品
	③ 乘客物品掉落轨行区管理
	④ 乘客投诉处理
3. 早晚高峰客运组织	① 乘客安检
	② 客流组织

四、计划实施	成绩：

1. 车站公共区巡视内容和要求
① 值班站长

② 客运值班员

③ 站务员

2. 日常运营
① 车站边门管理

② 乘客遗失物品

③ 乘客物品掉落轨行区管理

④乘客投诉处理

3.早晚高峰客运组织
①乘客安检

②客流组织

五、质量检查		成绩：	
请实训指导教师检查本组作业结果，并针对实训过程出现的问题提出改进措施及建议。			
序　号	评价标准		评价结果
1			
2			
3			
4			
5			
综合评价		☆ ☆ ☆ ☆ ☆	
综合评语			

六、评价反馈	成绩：

根据自己在课堂中的实际表现进行自我反思和自我评价。
自我反思：

自我评价：

实训成绩单			
项目	评分标准	分值	得分
接受工作任务	明确工作任务，理解任务在企业工作中的重要程度	5	
前置知识	本次实训前需要掌握的知识程度	10	
编制框架	按照编辑计划要求编写框架	5	
计划实施	1. 车站公共区巡视内容和要求		
	① 值班站长	5	
	② 客运值班员	5	
	③ 站务员	5	
	2. 日常运营		
	① 车站边门管理	8	
	② 乘客遗失物品	9	
	③ 乘客物品掉落轨行区管理	9	
	④ 乘客投诉处理	9	
	3. 早晚高峰客运组织		
	① 乘客安检	5	
	② 客流组织	5	
质量检查	学生任务完成，编写过程规范	10	
评价反馈	学生能对自身表现情况进行客观评价	5	
	学生在任务实施过程中发现自身问题	5	
得分（满分100）			

实训工单八　城市轨道交通客流调查

学院		专业	
姓名		学号	
小组成员		组长姓名	
一、接受工作任务		成绩：	

分小组地铁车站服务满意度情况调查。

二、前置知识	成绩：

1. 客流的概念
_____
_____

2. 影响客流的因素
_____
_____

3. 客流调查种类
① 全面客流调查：_____
② 乘客情况抽样调查：_____
③ 断面客流调查：_____
④ 节假日客流调查：_____

4. 客流调查方法
① 随车客流调查法：_____
② 驻站客流调查法：_____
③ 问讯客流调查法：_____

5. 客流调查统计指标
_____
_____
_____

三、编制框架	
1. 制订调查计划	① 时间
	② 地点
	③ 目的
2. 设计调查问卷	
3. 客流抽样调查	① 抽样方法
	② 抽样率
4. 整理调查资料	获取相关数据，形成调查原始数据
5. 数据分析，计算形成统计指标	

四、计划实施	成绩：

1. 制订调查计划
① 时间

② 地点

③ 目的

2. 设计调查问卷

3. 客流抽样调查
① 抽样方法

② 抽样率

4. 整理调查资料

获取相关数据，形成调查原始数据：

5. 数据分析，计算形成统计指标

五、质量检查	成绩：

请实训指导教师检查本组作业结果，并针对实训过程出现的问题提出改进措施及建议。

序　号	评价标准	评价结果
1		
2		
3		
4		
5		
综合评价	☆☆☆☆☆	
综合评语		

六、评价反馈	成绩：

根据自己在课堂中的实际表现进行自我反思和自我评价。

自我反思：

自我评价：

项目	评分标准	分值	得分
接受工作任务	明确工作任务，理解任务在企业工作中的重要程度	5	
前置知识	本次实训前需要掌握的知识程度	10	
编制框架	按照编辑计划要求编写框架	5	
计划实施	1. 制订调查计划		
	① 时间	5	
	② 地点	5	
	③ 目的	5	
	2. 设计调查问卷	10	
	3. 客流抽样调查		
	① 抽样方法	5	
	② 抽样率	5	
	4. 整理调查资料	10	
	5. 数据分析，计算形成统计指标	15	
质量检查	学生任务完成，编写过程规范	10	
评价反馈	学生能对自身表现情况进行客观评价	5	
	学生在任务实施过程中发现自身问题	5	
得分（满分 100）			

实训工单九　城市轨道交通客流预测

学院		专业	
姓名		学号	
小组成员		组长姓名	
一、接受工作任务		成绩：	

根据某地铁客流量，分小组进行客流预测。

二、前置知识	成绩：

1. 客流预测的意义

2. 客流预测的模式及方法

3. 客流预测在不同阶段的特点

4. 四阶段客流预测方法

5. 影响客流预测的相关因素

三、编制框架

年份	2011年	2012年	2013年	2014年	2015年	2016年
全年线网客运量（人次）	5632300	5919750	6258300	6629320	7087560	7768340

根据上表数据，采用一元线性回归方法进行客流预测。

1. 全线网年客运量平均增长率

2. 该线网年客运量增长曲线

3. 采用一元线性回归法模型建立	① 因变量
	② 自变量
	③ 函数关系

4. 2017年客运量预测

四、计划实施   成绩：

年份	2011年	2012年	2013年	2014年	2015年	2016年
全年线网客运量（人次）	5632300	5919750	6258300	6629320	7087560	7768340

根据上表数据，采用一元线性回归方法进行客流预测。
1. 全线网年客运量平均增长率

2. 该线网年客运量增长曲线

3. 采用一元线性回归法模型建立
① 因变量：

② 自变量：

③ 函数关系：

4. 2017 年客运量预测

五、质量检查	成绩：

请实训指导教师检查本组作业结果，并针对实训过程出现的问题提出改进措施及建议。

序　号	评价标准	评价结果
1		
2		
3		
4		
5		
综合评价		☆ ☆ ☆ ☆ ☆
综合评语		

六、评价反馈	成绩：

根据自己在课堂中的实际表现进行自我反思和自我评价。
自我反思：_____

自我评价：_____

实训成绩单			
项　目	评分标准	分值	得分
接受工作任务	明确工作任务，理解任务在企业工作中的重要程度	5	
前置知识	本次实训前需要掌握的知识程度	10	
编制框架	按照编辑计划要求编写框架	5	
计划实施	1. 全线网年客运量平均增长率	15	
	2. 该线网年客运量增长曲线	15	
	3. 采用一元线性回归法模型建立		
	① 因变量	5	
	② 自变量	5	
	③ 函数关系	5	
	4. 2017 年客运量预测	15	
质量检查	学生任务完成，编写过程规范	10	
评价反馈	学生能对自身表现情况进行客观评价	5	
	学生在任务实施过程中发现自身问题	5	
得分（满分 100）			

实训工单十　客流特性分析

学院		专业	
姓名		学号	
小组成员		组长姓名	

一、接受工作任务	成绩：

根据客流数据，分小组对客流进行特性分析。

二、前置知识	成绩：

1. 客流的时间分布特征概念

2. 客流的时间分布特征分类

3. 客流的空间分布特征概念

4. 客流的空间分布特征分类

5. 车站客流来源分类

6. 客流分析的意义

三、编制框架

1. 客流的时间分布特征

① 一日内小时客流分布表。

时间区间	6—8	8—10	10—12	12—14	14—16	16—18	18—20	20—22
上车（人次）	2465	14256	7045	4903	5673	9763	8753	2875
下车（人次）	1376	13594	6943	5934	5124	8842	8394	2492

上表为某地铁一工作日运营时间各小时进出站客流数据，绘制车站一日内小时客流分布表，判断属于哪一类。

② 一周内全日客流分布表。

周一	周二	周三	周四	周五	周六	周日
616796 人次	577906 人次	583958 人次	609759 人次	667227 人次	534971 人次	513519 人次

在一周内每日的客运量，绘制一周客流时间分布特征表。

2. 客流的空间分布特征

（单位：人次）

D\O	A	B	C	D	E	F
A		7019	6098	7554	4878	9313
B	6942		1725	4620	3962	6848
C	5661	1572		560	842	2285
D	7725	4128	597		458	1987
E	4668	3759	966	473		429
F	9302	7012	1988	2074	487	

上表是某线路 8:00—9:00 的 OD 图。

① 绘制出各区间断面分布图。

② 计算单向各个断面客流不均衡程度系数。

③ 计算上下行方向客流不均衡系数。

四、计划实施　　　　　　　　成绩：

1. 客流的时间分布特征

① 一日内小时客流分布表。

时间区间	6—8	8—10	10—12	12—14	14—16	16—18	18—20	20—22
上车（人次）	2465	14256	7045	4903	5673	9763	8753	2875
下车（人次）	1376	13594	6943	5934	5124	8842	8394	2492

上表为某地铁一工作日运营时间各小时进出站客流数据，绘制车站一日内小时客流分布表，判断属于哪一类。

② 一周内全日客流分布表。

周一	周二	周三	周四	周五	周六	周日
616796 人次	577906 人次	583958 人次	609759 人次	667227 人次	534971 人次	513519 人次

在一周内每日的客运量，绘制一周客流时间分布特征表。

2. 客流的空间分布特征

D \ O	A	B	C	D	E	F
A		7019	6098	7554	4878	9313
B	6942		1725	4620	3962	6848
C	5661	1572		560	842	2285
D	7725	4128	597		458	1987
E	4668	3759	966	473		429
F	9302	7012	1988	2074	487	

上表是某线路 8:00—9:00 的 OD 图。
① 绘制出各区间断面分布图。

② 计算单向各个断面客流不均衡程度系数。

③ 计算上下行方向客流不均衡系数。

五、质量检查		成绩：	

请实训指导教师检查本组作业结果，并针对实训过程出现的问题提出改进措施及建议。

序　号	评价标准	评价结果
1		
2		
3		
4		
5		
综合评价	☆☆☆☆☆	
综合评语		

六、评价反馈	成绩：

根据自己在课堂中的实际表现进行自我反思和自我评价。

自我反思：_____

_____

_____

自我评价：_____

_____

_____

实训成绩单

项　　目	评 分 标 准	分值	得分
接受工作任务	明确工作任务，理解任务在企业工作中的重要程度	5	
前置知识	本次实训前需要掌握的知识程度	10	
编制框架	按照编辑计划要求编写框架	5	
计划实施	1. 客流的时间分布特征		
	① 一日内小时客流分布表	15	
	② 一周内全日客流分布表	15	
	2. 客流的空间分布特征		
	① 绘制出各区间断面分布图	10	
	② 计算单向各个断面客流不均衡程度系数	10	
	③ 计算上下行方向客流不均衡系数	10	
质量检查	学生任务完成，编写过程规范	10	
评价反馈	学生能对自身表现情况进行客观评价	5	
	学生在任务实施过程中发现自身问题	5	
得分（满分100）			

实训工单十一　客流流线分析

学院		专业	
姓名		学号	
小组成员		组长姓名	
一、接受工作任务		成绩：	

根据地铁车站的空间，分小组开展流线分析。

二、前置知识	成绩：

1. 客流流线概念

2. 客流流线分类

3. 流线的干扰分类

4. 流线干扰的优化方法

三、编制框架	

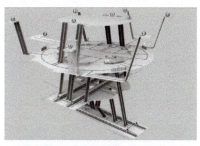

成都地铁天府广场站空间结构图

1. 成都地铁天府广场站站厅布局的类型		
2. 简述上述流线设计的优势		
3. 分析客流流线	① 进站组织	
	② 1、2号线换乘组织	
	③ 出站组织	

四、计划实施	成绩：

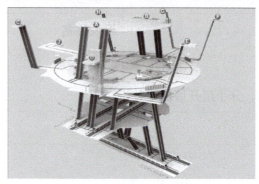

成都地铁天府广场站空间结构图

1. 成都地铁天府广场站站厅布局的类型

2. 简述上述流线设计的优势

3. 分析客流流线
① 进站组织

② 1、2号线换乘组织

③ 出站组织

五、质量检查		成绩：	
请实训指导教师检查本组作业结果，并针对实训过程出现的问题提出改进措施及建议。			
序　号	评价标准		评价结果
1			
2			
3			
4			
5			
综合评价	☆ ☆ ☆ ☆ ☆		
综合评语			

六、评价反馈	成绩：

根据自己在课堂中的实际表现进行自我反思和自我评价。

自我反思：

自我评价：

实训成绩单

项　目	评 分 标 准	分值	得分
接受工作任务	明确工作任务，理解任务在企业工作中的重要程度	5	
前置知识	本次实训前需要掌握的知识程度	10	
编制框架	按照编辑计划要求编写框架	5	
计划实施	1.成都地铁天府广场站站厅布局的类型	10	
	2.简述上述流线设计的优势	20	
	3.分析客流流线		
	①进站组织	10	
	②1、2号线换乘组织	10	
	③出站组织	10	
质量检查	学生任务完成，编写过程规范	10	
评价反馈	学生能对自身表现情况进行客观评价	5	
	学生在任务实施过程中发现自身问题	5	
得分（满分100）			

实训工单十二　车站设备设施能力分析

学院		专业	
姓名		学号	
小组成员		组长姓名	
一、接受工作任务		成绩：	
分小组对地铁车站设备设施能力分析。			
二、前置知识		成绩：	
1. 车站设备定义 2. 车站设施定义 3. 客运设备包含 4. 客运设备自身特性及影响因素 5. 通道类设施包含 6. 通道类设施自身特性及影响因素 7. 空间类设施包含 8. 空间类设施自身特性及影响因素			

三、编制框架		
1. 制订调查计划	① 时间	
	② 地点	
	③ 方法	
2. 调查内容	① 客运类设备相关参数	
	② 通道类设施相关参数	
	③ 空间类设施相关参数	
3. 计算客运设备能力	① 出入口	
	② 售票机、安检机、闸机	
4. 计算通道类设施通行能力	① 人行通道	
	② 自动扶梯	
	③ 楼梯	
5. 计算空间类设施通行能力	站厅或站台容纳能力	

四、计划实施	成绩：

1. 制订调查计划
① 时间

② 地点

③ 方法

2. 调查内容
① 客运类设备相关参数

② 通道类设施相关参数

③ 空间类设施相关参数

3. 计算客运设备能力
① 出入口
出入口的数量和布局决定了出入口的通行能力

$$Q_a = nq$$

式中　Q_a——出入口通行能力，人/h；
　　　n——出入口数量，个；
　　　q——单个出入口的通行能力，人/h。

② 售票机、安检机、闸机
乘客会在客运设备前排队，排队系统的服务能力由系统服务时间和系统设备数量决定

$$Q_b = \frac{3600}{t} n$$

式中　Q_b——排队设备通行能力，人/h；
　　　t——单个乘客接受系统服务时间，s；
　　　n——设备的总数量，台。

4. 计算通道类设施通行能力
① 人行通道
单位时间内，人行通道某个断面通过的最大人数为

$$Q_c = \frac{3600v}{lb} d$$

式中　Q_c——单向通道通行能力，人/h；
　　　v——行人在通道内的行走速度，m/s；
　　　l——行人行走时前后间距，m；
　　　b——行人行走时的横向间距，m；
　　　d——人行通道的宽度，m。
若是双向混行通道，反向客流影响通行能力为

$$Q'_c = (1-\gamma) Q_c$$

式中　γ——客流对向影响系数。

② 自动扶梯
单位时间内，运载最大乘客数量为

$$Q_d = \frac{3600v}{s} \phi n v$$

式中　Q_d——自动扶梯通行能力，人/h；
　　　s——阶梯间的阶距，m；
　　　ϕ——扶梯满载系数；

n——单个阶梯可站立人数，人；
v——扶梯纵向运行速度，m/s。

③ 楼梯

上下行楼梯间不设置隔离设施情况下，楼梯通行能力为

$$Q_e = 3600\phi kvb$$

式中　Q_e——楼梯通行能力，人/h；
　　　ϕ——对向客流影响系数；
　　　k——客流平均密度，人/m^2；
　　　v——行人平均移动速度，m/s；
　　　b——楼梯有效宽度，m。

5. 计算空间类设施通行能力

站厅或站台容纳能力计算公式为

$$Q_f = \frac{m}{w}$$

式中　Q_f——站厅或站台容纳能力，人；
　　　m——站厅或站台使用面积，m^2；
　　　w——人均使用面积指标，人/m^2（通常取 0.5m^2/人）。

五、质量检查

成绩：

请实训指导教师检查本组作业结果，并针对实训过程出现的问题提出改进措施及建议。

序　号	评价标准	评价结果
1		
2		
3		
4		
5		
综合评价	☆☆☆☆☆	
综合评语		

六、评价反馈	成绩：

根据自己在课堂中的实际表现进行自我反思和自我评价。
自我反思：_____
_____
_____

自我评价：_____
_____
_____

实训成绩单

项　　目	评分标准	分值	得分
接受工作任务	明确工作任务，理解任务在企业工作中的重要程度	5	
前置知识	本次实训前需要掌握的知识程度	10	
编制框架	按照编辑计划要求编写框架	5	
计划实施	1. 制订调查计划		
	① 时间	5	
	② 地点	5	
	③ 方法	5	
	2. 调查内容		
	① 客运类设备相关参数	5	
	② 通道类设施相关参数	5	
	③ 空间类设施相关参数	5	
	3. 计算客运设备能力		
	① 出入口	5	
	② 售票机、安检机、闸机	5	
	4. 计算通道类设施通行能力		
	① 人行通道	5	
	② 自动扶梯	5	
	③ 楼梯	5	
	5. 计算空间类设施通行能力		
	站厅或站台容纳能力	5	
质量检查	学生任务完成，编写过程规范	10	
评价反馈	学生能对自身表现情况进行客观评价	5	
	学生在任务实施过程中发现自身问题	5	
得分（满分100）			

实训工单十三　城市轨道交通正常情况下客流组织方案编制

学院		专业	
姓名		学号	
小组成员		组长姓名	

一、接受工作任务　　　　　　　　　　　成绩：

分小组进行地铁车站工作日常态客流组织方案的编制。

二、前置知识　　　　　　　　　　　　　成绩：

1. 车站概况
① 车站的地图模式：_____
② 车站的结构模式：_____
③ 出入口的分布：_____
2. 车站工作日小时客流分布特征
_____
_____

3. 客流分析
① 客流特性分析：_____
② 客流量：_____
③ 客流统计：_____
4. 车站设备设施能力分析
① 客运服务设施：_____
② AFC 设备情况：_____
③ 安检设施分布：_____
④ 设备通过能力：_____
⑤ 车站站台和站厅付费区容纳能力：_____
⑥ 运营情况及列车编组：_____
⑦ 车站整体能力分析：_____

⑧ 车站客流瓶颈筛选：＿＿＿＿＿＿＿＿＿＿＿＿＿＿＿＿＿＿＿＿＿＿＿＿＿＿
⑨ 出站路径通过能力：＿＿＿＿＿＿＿＿＿＿＿＿＿＿＿＿＿＿＿＿＿＿＿＿＿
⑩ 换乘通过能力：＿＿＿＿＿＿＿＿＿＿＿＿＿＿＿＿＿＿＿＿＿＿＿＿＿＿＿

三、编制框架	
1. 车站工作日岗位设置编制	
2. 日常运营各项准备工作	① AFC 全部售检票系统设备确认
	② 自动售票机加币、加票
	③ 客服中心票卡、备用金配备
	④ 安检设备
3. 高峰期间的常态化客流控制	① 常态化客流控制措施
	② 广播及引导用语
	③ 对外宣传
4. 平峰期间客流组织	① 乘车"八步曲"引导
	② 广播及引导用语
	③ 站内常态巡视

四、计划实施	成绩：

1. 车站工作日岗位设置编制

序号	地点	岗位	岗位职责	携带备品
			室内及出入口：共 × 人	

2. 日常运营各项准备工作
① AFC 全部售检票系统设备确认

② 自动售票机加币、加票

③ 客服中心票卡、备用金配备

④ 安检设备

3. 高峰期间的常态化客流控制
① 常态化客流控制措施

② 广播及引导用语

③ 对外宣传

4. 平峰期间客流组织
① 乘车"八步曲"引导

② 广播及引导用语

③ 站内常态巡视

五、质量检查	成绩：

请实训指导教师检查本组作业结果，并针对实训过程出现的问题提出改进措施及建议。

序　号	评价标准	评价结果
1		
2		
3		
4		
5		
综合评价	☆☆☆☆☆	
综合评语		

六、评价反馈	成绩：	
根据自己在课堂中的实际表现进行自我反思和自我评价。		
自我反思：_____		
自我评价：_____		

实训成绩单

项　目	评 分 标 准	分值	得分
接受工作任务	明确工作任务，理解任务在企业工作中的重要程度	5	
前置知识	本次实训前需要掌握的知识程度	10	
编制框架	按照编辑计划要求编写框架	5	
计划实施	1. 车站工作日岗位设置编制	6	
	2. 日常运营各项准备工作		
	① AFC 全部售检票系统设备确认	4	
	② 自动售票机加币、加票	4	
	③ 客服中心票卡、备用金配备	4	
	④ 安检设备	4	
	3. 高峰期间的常态化客流控制		
	① 常态化客流控制措施	8	
	② 广播及引导用语	8	
	③ 对外宣传	8	
	4. 平峰期间客流组织		
	① 乘车"八步曲"引导	4	
	② 广播及引导用语	5	
	③ 站内常态巡视	5	
质量检查	学生任务完成，编写过程规范	10	
评价反馈	学生能对自身表现情况进行客观评价	5	
	学生在任务实施过程中发现自身问题	5	
得分（满分 100）			

实训工单十四　城市轨道交通大客流情况下客流组织方案编制

学院		专业	
姓名		学号	
小组成员		组长姓名	
一、接受工作任务		成绩：	

分小组进行地铁车站大客流情况下客流组织方案的编制。

二、前置知识	成绩：

1. 车站概况
① 车站的地图模式：＿＿＿＿＿＿＿＿＿＿＿＿＿＿＿＿＿＿＿＿＿＿＿＿＿
② 车站的结构模式：＿＿＿＿＿＿＿＿＿＿＿＿＿＿＿＿＿＿＿＿＿＿＿＿＿
③ 出入口的分布：＿＿＿＿＿＿＿＿＿＿＿＿＿＿＿＿＿＿＿＿＿＿＿＿＿＿
2. 车站客运组织模式分析
＿＿＿＿＿＿＿＿＿＿＿＿＿＿＿＿＿＿＿＿＿＿＿＿＿＿＿＿＿＿＿＿＿＿＿＿
＿＿＿＿＿＿＿＿＿＿＿＿＿＿＿＿＿＿＿＿＿＿＿＿＿＿＿＿＿＿＿＿＿＿＿＿
＿＿＿＿＿＿＿＿＿＿＿＿＿＿＿＿＿＿＿＿＿＿＿＿＿＿＿＿＿＿＿＿＿＿＿＿
3. 客流分析
① 客流特性分析：＿＿＿＿＿＿＿＿＿＿＿＿＿＿＿＿＿＿＿＿＿＿＿＿＿＿
② 客流量：＿＿＿＿＿＿＿＿＿＿＿＿＿＿＿＿＿＿＿＿＿＿＿＿＿＿＿＿＿＿
③ 客流统计：＿＿＿＿＿＿＿＿＿＿＿＿＿＿＿＿＿＿＿＿＿＿＿＿＿＿＿＿
4. 车站设备设施能力分析
① 客运服务设施：＿＿＿＿＿＿＿＿＿＿＿＿＿＿＿＿＿＿＿＿＿＿＿＿＿＿
② AFC 设备情况：＿＿＿＿＿＿＿＿＿＿＿＿＿＿＿＿＿＿＿＿＿＿＿＿＿＿
③ 安检设施分布：＿＿＿＿＿＿＿＿＿＿＿＿＿＿＿＿＿＿＿＿＿＿＿＿＿＿
④ 设备通过能力：＿＿＿＿＿＿＿＿＿＿＿＿＿＿＿＿＿＿＿＿＿＿＿＿＿＿
⑤ 车站站台和站厅付费区容纳能力：＿＿＿＿＿＿＿＿＿＿＿＿＿＿＿＿＿
⑥ 运营情况及列车编组：＿＿＿＿＿＿＿＿＿＿＿＿＿＿＿＿＿＿＿＿＿＿

⑦ 车站整体能力分析：_____
⑧ 车站客流瓶颈点：_____
⑨ 出站路径通过能力：_____
⑩ 换乘通过能力：_____

三、编制框架	
1. 大客流情况下岗位设置编制	
2. 一、二、三级客流控制启动条件及实施流程	① 第一步：客流控制准备
	② 第二步：人员安排
	③ 第三步：控制联动措施
	④ 第四步：广播及引导用语
	⑤ 第五步：采取客流控制
3. 大客流情况下细化客流组织措施	① 进站大客流
	② 出站大客流
	③ 进、出站同时大客流
	④ 换乘大客流
	⑤ 列车晚点

四、计划实施	成绩：

1. 大客流情况下岗位设置编制

序号	地点	岗位	岗 位 职 责	携带备品
室内及出入口：共 × 人				

2. 一、二、三级客流控制启动条件及实施流程

车站按实际情况实行客流控制，换乘站遵循"由下至上，由内至外"和"先控制入闸客流，再控制换乘客流"的原则，进行一、二、三级客流控制。

第一步：客流控制准备

第二步：人员安排

第三步：控制联动措施

第四步：广播及引导用语

第五步：采取客流控制

3. 大客流情况下细化客流组织措施
① 进站大客流

② 出站大客流

③ 进、出站同时大客流

④ 换乘大客流

⑤ 列车晚点

五、质量检查	成绩：

请实训指导教师检查本组作业结果，并针对实训过程出现的问题提出改进措施及建议。

序　号	评价标准	评价结果
1		
2		
3		
4		
5		
综合评价	☆☆☆☆☆	
综合评语		

六、评价反馈	成绩：

根据自己在课堂中的实际表现进行自我反思和自我评价。

自我反思：_____

_____

自我评价：_____

_____

实训成绩单

项　目	评分标准	分值	得分
接受工作任务	明确工作任务，理解任务在企业工作中的重要程度	5	
前置知识	本次实训前需要掌握的知识程度	10	
编制框架	按照编辑计划要求编写框架	5	
计划实施	1. 大客流情况下岗位设置编制	10	
	2. 一、二、三级客流控制启动条件及实施流程		
	① 第一步：客流控制准备	6	
	② 第二步：人员安排	6	
	③ 第三步：控制联动措施	6	
	④ 第四步：广播及引导用语	6	
	⑤ 第五步：采取客流控制	6	
	3. 大客流情况下细化客流组织措施		
	① 进站大客流	4	
	② 出站大客流	4	
	③ 进、出站同时大客流	4	
	④ 换乘大客流	4	
	⑤ 列车晚点	4	
质量检查	学生任务完成，编写过程规范	10	
评价反馈	学生能对自身表现情况进行客观评价	5	
	学生在任务实施过程中发现自身问题	5	
	得分（满分 100）		

实训工单十五　城市轨道交通超大客流情况下客流组织方案编制

学院		专业	
姓名		学号	
小组成员		组长姓名	

一、接受工作任务	成绩：

分小组进行地铁车站大客流情况下客流组织方案的编制。

二、前置知识	成绩：

1. 车站概况
① 车站的地图模式：_____
② 车站的结构模式：_____
③ 出入口的分布：_____
④ 运营功能：_____
2. 线网概况
① 线网放射结构：_____
② 线网换乘站分布：_____
3. 车站客运组织模式分析
_____
_____
_____

4. 线网各线路行车组织模式分析
_____
_____
_____

5. 客流分析
① 客流特性分析：_____
② 线网各站客流量：_____
6. 车站设备设施能力分析
① 客运服务设施：_____
② AFC 设备情况：_____

③ 安检设施分布：＿＿＿＿＿＿＿＿＿＿＿＿＿＿＿＿＿＿＿＿＿＿＿
④ 设备通过能力：＿＿＿＿＿＿＿＿＿＿＿＿＿＿＿＿＿＿＿＿＿＿＿
⑤ 车站站台和站厅付费区容纳能力：＿＿＿＿＿＿＿＿＿＿＿＿＿
⑥ 运营情况及列车编组：＿＿＿＿＿＿＿＿＿＿＿＿＿＿＿＿＿＿
⑦ 车站整体能力分析：＿＿＿＿＿＿＿＿＿＿＿＿＿＿＿＿＿＿＿
⑧ 车站客流瓶颈筛选：＿＿＿＿＿＿＿＿＿＿＿＿＿＿＿＿＿＿＿
⑨ 出站路径通过能力：＿＿＿＿＿＿＿＿＿＿＿＿＿＿＿＿＿＿＿
⑩ 换乘通过能力：＿＿＿＿＿＿＿＿＿＿＿＿＿＿＿＿＿＿＿＿＿

三、编制框架

1. 超大客流情况下岗位设置编制	
2. 超大客流组织的主要措施	① 增加列车运能
	② 增加售检票能力
	③ 采取客流疏导
	④ 关闭出入口或进行进出分流
	⑤ 列车跳停
3. 单站级、单线级、线网级客流组织实施流程	① 单站级客流控制
	② 单线级客流联控
	③ 线网级客流联控

四、计划实施　　　　　　　　　　　成绩：

1. 超大客流情况下岗位设置编制

序号	地点	岗位	岗 位 职 责	携带备品
			室内及出入口：共 × 人	

2. 超大客流组织的主要措施
① 增加列车运能

② 增加售检票能力

③ 采取客流疏导

④ 关闭出入口或进行进出分流

⑤ 列车跳停

3.单站级、单线级、线网级客流组织实施流程

车站在发生超大客流时，按照单站级、单线级、线网级客流控制措施，形成点、线、面三级线网客流组织模式。

① 单站级客流控制

第一步：一级客流控制，控制站台乘客数量

第二步：二级客流控制，控制进入付费区乘客数量

第三步：三级客流控制，控制进站乘客数量

② 单线级客流联控

第一步：辅控站选取，根据OD客流、列车满载率确定

第二步：单线辅控站执行客流控制

③ 线网级客流联控

第一步：单线级联控无法缓解

第二步：邻线辅控站客流控制

五、质量检查	成绩：

请实训指导教师检查本组作业结果，并针对实训过程出现的问题提出改进措施及建议。

序　号	评价标准	评价结果
1		
2		
3		
4		
5		
综合评价	☆☆☆☆☆	
综合评语		

六、评价反馈	成绩：

根据自己在课堂中的实际表现进行自我反思和自我评价。
自我反思：_____
_____
_____

自我评价：_____
_____
_____

<table>
<tr><td colspan="4" align="center">实训成绩单</td></tr>
<tr><td colspan="2" align="center">项　目</td><td align="center">评分标准</td><td align="center">分值</td><td align="center">得分</td></tr>
<tr><td colspan="2">接受工作任务</td><td>明确工作任务，理解任务在企业工作中的重要程度</td><td>5</td><td></td></tr>
<tr><td colspan="2">前置知识</td><td>本次实训前需要掌握的知识程度</td><td>10</td><td></td></tr>
<tr><td colspan="2">编制框架</td><td>按照编辑计划要求编写框架</td><td>5</td><td></td></tr>
<tr><td rowspan="9">计划实施</td><td colspan="2">1.超大客流情况下岗位设置编制</td><td>5</td><td></td></tr>
<tr><td rowspan="6">2.超大客流组织的主要措施</td><td>①增加列车运能</td><td>5</td><td></td></tr>
<tr><td>②增加售检票能力</td><td>5</td><td></td></tr>
<tr><td>③采取客流疏导</td><td>5</td><td></td></tr>
<tr><td>④关闭出入口或进行进出分流</td><td>5</td><td></td></tr>
<tr><td>⑤列车跳停</td><td>5</td><td></td></tr>
<tr><td colspan="2">3.单站级、单线级、线网级客流组织实施流程</td><td></td><td></td></tr>
<tr><td></td><td>①单站级客流控制</td><td>10</td><td></td></tr>
<tr><td></td><td>②单线级客流联控</td><td>10</td><td></td></tr>
<tr><td colspan="2"></td><td>③线网级客流联控</td><td>10</td><td></td></tr>
<tr><td colspan="2">质量检查</td><td>学生任务完成，编写过程规范</td><td>10</td><td></td></tr>
<tr><td colspan="2" rowspan="2">评价反馈</td><td>学生能对自身表现情况进行客观评价</td><td>5</td><td></td></tr>
<tr><td>学生在任务实施过程中发现自身问题</td><td>5</td><td></td></tr>
<tr><td colspan="4" align="center">得分（满分100）</td></tr>
</table>

实训工单十六　城市轨道交通车站日常客流组织演练

学院		专业	
姓名		学号	
小组成员		组长姓名	

一、接受工作任务	成绩：

某工作日，地铁车站正常运营，分小组开展地铁车站日常客流演练组织。

二、前置知识	成绩：

1. 车站概况
① 车站的地图模式：_____
② 车站的结构模式：_____
③ 出入口的分布：_____

2. 车站客运组织原则

3. 车站客运组织工作要求

4. 地铁乘车"八部曲"

5. 车站客运服务设施

6. AFC 设备情况

7. 安检设备分布

三、编制框架

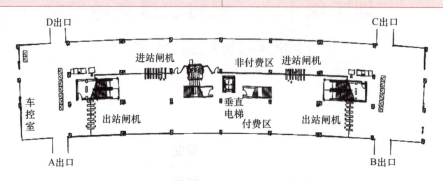

根据上述车站平面图,模拟日常客运组织中各岗位实施措施。

1. 进站乘车组织 进站→售票→安检→检票→候车	① 进站
	② 售票
	③ 安检
	④ 检票
	⑤ 候车
2. 下车出站组织 下车→验票出闸机→出站	① 下车
	② 验票出闸机
	③ 出站

四、计划实施　　　　　　　　　　　成绩:

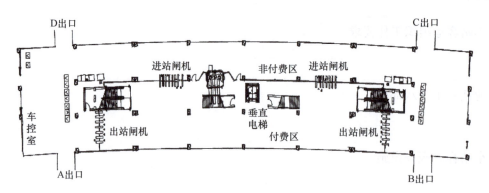

根据上述车站平面图,模拟日常客运组织中各岗位实施措施。
1. 进站乘车组织
进站→售票→安检→检票→候车
① 进站

② 售票

③ 安检

④ 检票

⑤ 候车

2. 下车出站组织
下车→验票出闸机→出站
① 下车

② 验票出闸机

③ 出站

五、质量检查 | **成绩：**

请实训指导教师检查本组作业结果，并针对实训过程出现的问题提出改进措施及建议。

序 号	评价标准	评价结果
1		
2		
3		
4		
5		
综合评价	☆ ☆ ☆ ☆ ☆	
综合评语		

六、评价反馈	成绩：

根据自己在课堂中的实际表现进行自我反思和自我评价。
自我反思：_____
_____
_____

自我评价：_____
_____
_____

实训成绩单

项　目	评 分 标 准	分值	得分
接受工作任务	明确工作任务，理解任务在企业工作中的重要程度	5	
前置知识	本次实训前需要掌握的知识程度	10	
编制框架	按照编辑计划要求编写框架	5	
计划实施	1. 进站乘车组织		
	① 进站	8	
	② 售票	7	
	③ 安检	7	
	④ 检票	7	
	⑤ 候车	8	
	2. 下车出站组织		
	① 下车	8	
	② 验票出闸机	8	
	③ 出站	7	
质量检查	学生任务完成，编写过程规范	10	
评价反馈	学生能对自身表现情况进行客观评价	5	
	学生在任务实施过程中发现自身问题	5	
得分（满分 100）			

实训工单十七　城市轨道交通车站大客流演练

学院		专业	
姓名		学号	
小组成员		组长姓名	

一、接受工作任务	成绩：

　　某日，毗邻地铁车站的展厅散场，客流集中进站，导致出现大面积客流的情况，车站立即按照《大客流情况下车站组织方案》，启动客流应急组织工作。分小组进行大客流应急演练。

二、前置知识	成绩：

1. 大客流概念
   _____

2. 大客流的种类
   _____

3. 大客流组织的措施
   _____

4. 三级客流控制方法
   _____

5. 大客流情况下，各岗位职责
① 值班站长：_____

② 行车值班员：_____

③ 客运值班员：_____

④ 售票员：_____

⑤ 站厅巡视岗：_____

⑥ 站台巡视岗：_____

三、编制框架	

站厅巡视岗发现大量乘客从 D 口进入站厅，并在自动售票机、半自动售票机前排队购票乘客已超过 8 人以上且持续 2min 以上。

1. 第一阶段客流引导	① 信息上报请求支援
	② 站厅引导，加速进站
	③ 支援人员到位
2. 第二阶段客流控制	① 站台滞留乘客较多，启动一级客流控制
	② 站台滞留情况不缓解，启动二级客流控制
	③ 站厅非付费区乘客较多，启动三级客流控制
3. 第三阶段客流缓解	① 出入口客流量已经恢复正常，取消三级客流控制
	② 进站乘客恢复正常，取消二级客流控制
	③ 候车人数正常，且列车出站后站台无滞留人员，取消一级客流控制
	④ 车站运作恢复正常

四、计划实施	成绩：

站厅巡视岗发现大量乘客从 D 口进入站厅，并在自动售票机、半自动售票机前排队购票乘客已超过 8 人以上且持续 2min 以上。

1. 第一阶段客流引导
① 信息上报请求支援

② 站厅引导，加速进站

③ 支援人员到位

2. 第二阶段客流控制

在各岗位引导下,乘客迅速进站候车,站台滞留乘客增多。

① 站台滞留乘客较多,启动一级客流控制

② 站台滞留情况不缓解,启动二级客流控制

③ 站厅非付费区乘客较多,启动三级客流控制

3. 第三阶段客流缓解

① 出入口客流量已经恢复正常,取消三级客流控制

② 进站乘客恢复正常,取消二级客流控制

③ 候车人数正常,且列车出站后站台无滞留人员,取消一级客流控制

④ 车站运作恢复正常

五、质量检查	成绩:

请实训指导教师检查本组作业结果,并针对实训过程出现的问题提出改进措施及建议。

序 号	评价标准	评价结果
1		
2		
3		
4		
5		
综合评价	☆☆☆☆☆	
综合评语		

六、评价反馈	成绩：

根据自己在课堂中的实际表现进行自我反思和自我评价。

自我反思：_____
_____
_____

自我评价：_____
_____
_____

实训成绩单

项　　目	评 分 标 准	分值	得分
接受工作任务	明确工作任务，理解任务在企业工作中的重要程度	5	
前置知识	本次实训前需要掌握的知识程度	10	
编制框架	按照编辑计划要求编写框架	5	
计划实施	1. 第一阶段客流引导		
	① 信息上报请求支援	5	
	② 站厅引导，加速进站	5	
	③ 支援人员到位	5	
	2. 第二阶段客流控制		
	① 站台滞留乘客较多，启动一级客流控制	6	
	② 站台滞留情况不缓解，启动二级客流控制	6	
	③ 站厅非付费区乘客较多，启动三级客流控制	8	
	3. 第三阶段客流缓解		
	① 出入口客流量已经恢复正常，取消三级客流控制	6	
	② 进站乘客恢复正常，取消二级客流控制	6	
	③ 候车人数正常，且列车出站后站台无滞留人员，取消一级客流控制	8	
	④ 车站运作恢复正常	5	
质量检查	学生任务完成，编写过程规范	10	
评价反馈	学生能对自身表现情况进行客观评价	5	
	学生在任务实施过程中发现自身问题	5	
得分（满分 100）			

实训工单十八　城市轨道交通车站突发事件客流组织演练

学院		专业	
姓名		学号	
小组成员		组长姓名	

一、接受工作任务	成绩：

某运营期间，站台巡视岗发现站台下行站尾端角落处有一个黑色包裹，站台岗觉得可疑，按照可疑物品进行上报。分小组进行车站发现可疑物品应急演练。

二、前置知识	成绩：

1. 可疑物品的识别方法
_____
_____

2. 车站出现可疑物品时，各岗位职责
① 值班站长：_____
_____

② 行车值班员：_____
_____

③ 客运值班员：_____
_____

④ 售票岗：_____
_____

⑤ 站厅巡视岗：_____
_____

⑥ 站台巡视岗：_____
_____

三、编制框架	
1. 第一阶段发现可疑物品初期处置	① 发现可疑物品并汇报
	② 现场隔离，乘客绕行
	③ 公安现场确认
2. 第二阶段车站疏散，临时关闭	① 启动车站疏散、临时关闭程序
	② 乘客疏散完毕后，关闭车站
3. 第三阶段危险品转移后，重新投入运营	① 接公安通知，危险物品已经转移
	② 接现场负责领导允许重新开通运营的命令
	③ 开启出入口，恢复正常运营

四、计划实施	成绩：

1. 第一阶段发现可疑物品初期处置
① 发现可疑物品并汇报

② 现场隔离，乘客绕行

③ 公安现场确认

2. 第二阶段车站疏散，临时关闭
① 启动车站疏散、临时关闭程序

② 乘客疏散完毕后，关闭车站

3. 第三阶段危险品转移后，重新投入运营
① 接公安通知，危险物品已经转移

② 接现场负责领导允许重新开通运营的命令

③ 开启出入口，恢复正常运营

五、质量检查	成绩：

请实训指导教师检查本组作业结果，并针对实训过程出现的问题提出改进措施及建议。

序　号	评 价 标 准	评 价 结 果
1		
2		
3		
4		
5		
综合评价	☆ ☆ ☆ ☆ ☆	
综合评语		

六、评价反馈	成绩：

根据自己在课堂中的实际表现进行自我反思和自我评价。
自我反思：

自我评价：

实训成绩单

项　目	评分标准	分值	得分
接受工作任务	明确工作任务，理解任务在企业工作中的重要程度	5	
前置知识	本次实训前需要掌握的知识程度	10	
编制框架	按照编辑计划要求编写框架	5	
计划实施	1. 第一阶段发现可疑物品初期处置		
	① 发现可疑物品并汇报	6	
	② 现场隔离，乘客绕行	8	
	③ 公安现场确认	6	
	2. 第二阶段车站疏散，临时关闭		
	① 启动车站疏散、临时关闭程序	15	
	② 乘客疏散完毕后，关闭车站	10	
	3. 第三阶段危险品转移后，重新投入运营		
	① 接公安通知，危险物品已经转移	5	
	② 接现场负责领导允许重新开通运营的命令	5	
	③ 开启出入口，恢复正常运营	5	
质量检查	学生任务完成，编写过程规范	10	
评价反馈	学生能对自身表现情况进行客观评价	5	
	学生在任务实施过程中发现自身问题	5	
得分（满分 100）			